少人数で生き抜く地域をつくる

次世代に住み継がれるしくみ

編著　佐久間康富
柴田祐
内平隆之

著　青木佳子
岡田知子
柴田加奈子
清野隆
田口太郎
竹内ひとみ
野村理恵
姫野由香
藤原ひとみ
八木健太郎
山崎義人

学芸出版社

はじめに

佐久間康富

日本の農山村集落は、長く人口減少問題に向き合ってきた。当初制定された過疎法（過疎地域緊急措置法）は、1970（昭和45）年の制定である。ここを起点にすると約50年間も人口減少の問題に向き合ってきたと言える。過疎にあらがうように様々な施策が展開してきたが、結果として人口減少はとどまることなく、ほぼ人口推計通りに推移している。こうした状況のなかで日本の農山村集落の未来をいかに展望すればよいのだろうか。

本書の著者グループは日本建築学会農村計画委員会集落居住小委員会のメンバーを母体として、科学研究費※1の助成を得た研究グループである。2012年の活動開始後にも、科学研究費※2の助成を得て、2017年には『住み継がれる集落をつくる――交流・移住・通いで生き抜く』を上梓した。交流・移住・通いといった流動的に移動する人々によって集落が住み継がれようとしている事例からの学びをまとめた。結論では、「住み継がれるとはなにか」について明らかにし、意思決定可能なプロジェクトが繰り返されることで集落の持続性を展望する「バトンリレーモデル」を導いた。

本書は前著の「住み継がれるとはなにか」という問いを引き継ぎつつ、おおよそ人口推計

※1：JSPS科研費№18H01606（基盤研究（B）『住み継ぎの段階性に着目した集落を継承する少人数社会システムの構築に関する研究』2018～2021年度（代表：佐久間康富・和歌山大学）

※2：JSPS科研費№26289214（基盤研究（B）『流動的居住に着目した集住地を継承する主体の養成に関する研究』2014～2017年度（代表：山崎義人・東洋大学）

通りに減少した人口構成の地域社会を「少人数社会」と呼び、少人数の地域社会における農山村集落のあり方を展望しようとするものである。

わたしたちは、地域づくりの実践者、暮らしの営みを重ねる生活者との対話、議論を重ねてきた。本書は、地域の方々の取り組みや課題に耳を傾け、対話を通じて紡ぎ出された知見をまとめた。

本書のタイトルは、『「少人数」で「生き抜く」地域をつくる』とした。

前述の通り、今後の多くの農山村で想定される、人口推計通りに減少した人口構成の地域社会を「少人数社会」と呼び、その地域社会の状況を表す用語として「少人数」という表現を選択した。地方創生の議論では人口推計のデータを見据えて、「少人数」の地域社会の未来を見据えた上で、1年あたりの移住者数を想定した、いわば「攻め」の議論が展開されてきた。地方創生施策（の評価はこれからの課題ではあるが）は、計画論としては妥当な考え方ではある。しかし、結果として必要な対策をすればこれまでの暮らしが継続できるという現状維持の考えにとどまってしまってはいないだろうか。子育て世代を受け入れ人口構成のバランスを整えることは欠かせないし、出生率の増加など、必要な施策の展開は今後も期待したい。人口減少の状況を積極的に肯定するつもりはないが、少人数社会に対する備え、いわば「守り」の議論も求められている。未来にある少人数社会の側から、現在を見つめ返し、少人数でも生き生きと暮らしを立てる将来像の可能性はないだろうか。数あわせのために人を受け入れるだけでは少人数社会の展望は開けない。地域で継承されてきたことを大切にしながら、迎え入れる地域の側にも自らを組み替え、新しい地域のあり方に可能性が開かれていなければいけない。そこでは人口の増加に代わって、「次世代への継承」という、未来への展望が描かれるのではないだろうか。そうした期待を込めて「少人数」で「生き抜く」という表現を用いた。前著で整理した「住み継がれる」概念に含まれる多様な主体との連携も継続しながら、次世代への継承へ向けて議論の土俵を広げたい。

本書は、以下の序章と4つの章、そして結びの章で構成されている。

まず序章では、本書で取り上げようとする問いと主題となる「少人数」での地域社会と、そのなかで展望される地域の、次世代への継承について論じている。

続く1から4章は、継承される要素に着目して整理している。1章「なりわいを立て直す」では地域の暮らしを支えるなりわいを継承しようとしている事例から、新たな組織やネットワークを通じた担い手について考えたい。2章「空き家・空き地を継承する」では、空き家を利活用している事例から、暮らしの基盤となる住まいと、多様な主体が関わり合う場の継承について示唆を得たい。3章「地域の伝統・教育・福祉を守る」では、地域の祭礼や、まちの将来を育てる学校や福祉の観点からの空き家の利活用事例から、コミュニティのあり方を考えたい。4章「自治とネットワークの仕組みをつくる」では、人口減少の集落を支える仕組みづくりに挑戦する事例から、集落内外のネットワークや未来を展望する際の時間の考えを整理したい。

結びでは、これらの事例や議論を通じてまとめた、筆者らの論考を整理し、本書の結論としている。

なお、本書はまず、わたしたちと対話を重ね示唆をいただいてきた、地域づくりの担い手のみなさんに届けたい。先行きが不透明な時代、諦めとも言える心持ち、未来への期待のあいだで、日々の営みを重ねている人々に向けて、少人数での地域のあり方を共有したい。幸い、ある地域の方からは、「これまで漫然と考えていたことがすっきりした」との感想もいただいた。日々、地域づくりの施策に取り組んでいる行政職員やNPOやコンサルタントといった専門家にも役立てていただけるのではないか。そして、これから自身の暮らしの場に対する関わり、あるいは専門家としての関わりを模索している学生のみなさんにも、思考を深める契機となることを期待したい。これらを通じて、少人数での地域社会のあり方と世代の継承による地域の展望を届けたい。

目次

序章

地域は継承できるのか

佐久間康富

人口減少に対するこれまでの取り組み

日本の農山村集落は、長く人口減少問題に向き合ってきた。過疎にあらがうように様々な施策が展開してきたが、結果として多くの地域で人口減少はとどまっていない。

総務省では「まち・ひと・しごと創生総合戦略」の閣議決定（2014（平成26）年）によって、2015年度を初年度として人口減少への対応が施策として示された。安定した雇用、あたらしい人の流れ、若い世代の出産・子育て、地域の連携といった施策によって、人口減少に対して新たに人を増やし、活力を維持しようとする方針が示されている。全国の自治体でも、これらの施策群によって推計よりも人口減少が下げ止まる、地方人口ビジョン、地方版総合戦略が策定されている。計画論としては合理的ではあるが、全国的に人口減少局面にあるなかで、それぞれの自治体での目標の実現は現実的とは言えない。新型コロナウィルス感染症によって、低密度で暮らすライフスタイルが見直され、一定の人々が移り住みはじめているが、いまのところ都市郊外部での傾向にとどまっている。

どの自治体も子育て層の誘致に取り組み、総合戦略、立地適正化計画のターゲットにおいても、子育て層の獲得がうたわれている。人口減少に歯止めをかけようとする施策は否定されないが、果たして人口増は政策目標であり続けるのか。

少人数社会の可能性

近年の農山村では地域を引っ張ってきた世代の存在感が少しずつ小さくなってきている。これまで１９４７年から１９４９年に生まれた団塊の世代が社会を牽引してきたが、その世代が後期高齢者にさしかかっている。かつての地域づくりのリーダーらも高齢化に伴い、地域の第一線からは距離を置き始めている。一方で、その後継となる世代では、地域のなにを継承するべきかといった戸惑いが見られている。

日本全国の人口ピラミッドの変遷※1を確認しておくと、１９６５年は団塊の世代も20代、全体として足下が広い、まさにピラミッド状の形態である（図１）。時代を経るにつれ、団塊の世代、団塊ジュニア世代が少しずつ年を重ね、２０４０年には上部が膨らんで足下が細くなっているコマのような形状になる。推計通りの出生率になればではあるが、いずれ少産少死の形状になることが想定される。そして課題先進地と言われる農山村では、これらの世代のバランスを少し先取りするような形状になりそうである。こうしたおおよそ人口推計通りに減少した人口構成の地域社会を「少

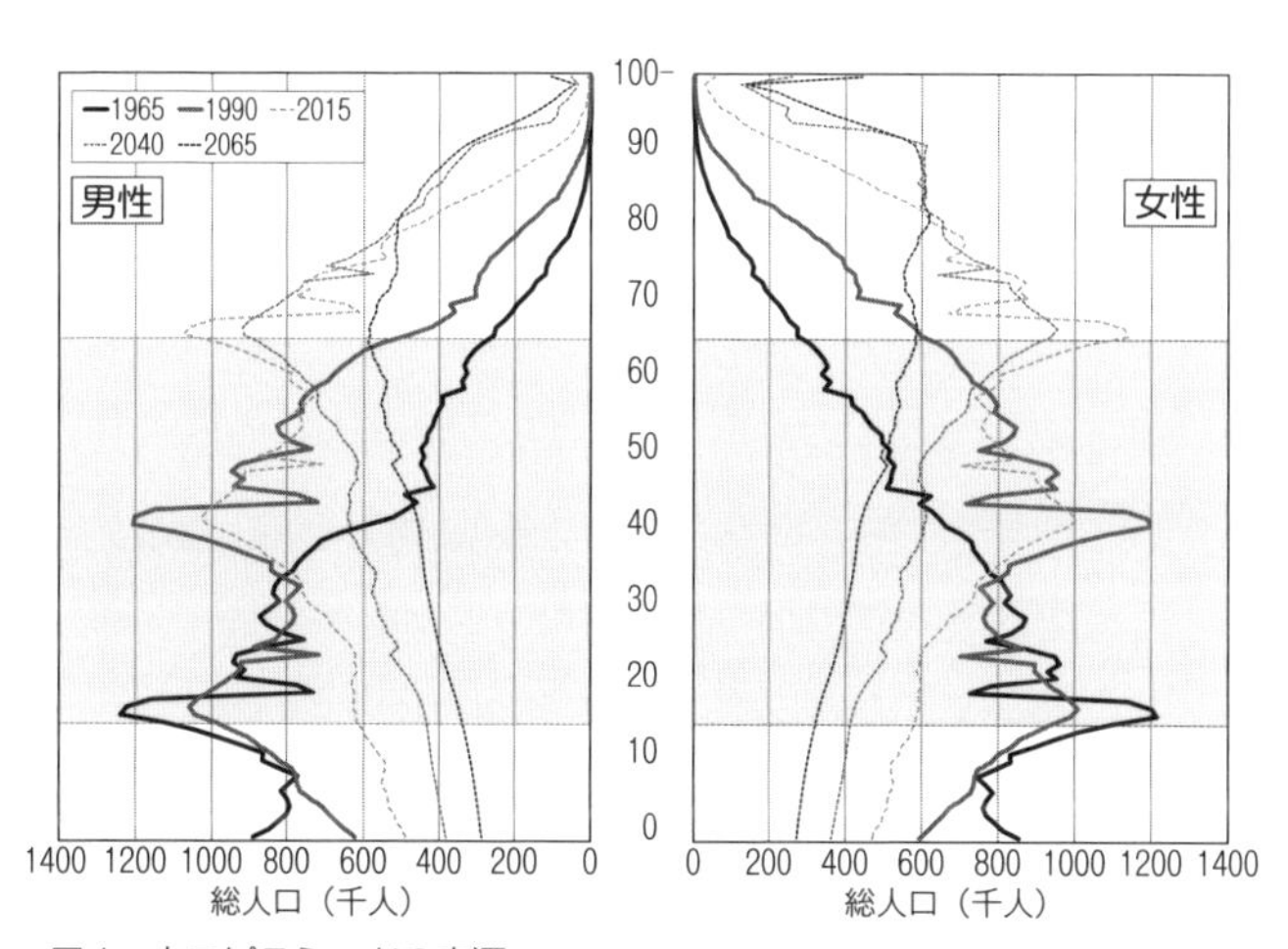

図１　人口ピラミッドの変遷

国立社会保障・人口問題研究所：人口ピラミッドデータ（総務省統計局『国勢調査』および『日本の将来推計人口（平成29年推計）』出生中位・死亡中位仮定による）、https://www.ipss.go.jp/site-ad/TopPageData/PopPyramid2017_J.html

※１：人口ピラミッド画像（１９６５～２０６５年）：国立社会保障・人口問題研究所ホームページ、https://www.ipss.go.jp/site-ad/TopPageData/PopPyramid2017_J.html

人数社会」と呼びたい。

少人数社会において、未来に向けた目標はどのような像が描かれるであろうか。地域の担い手と空間管理、教育や医療といった人口規模で維持されるサービスを想定すると、人口増加を目指すことは効果的であり続けるであろう。しかしながら、担い手や地域資源に余力がない少人数の地域社会で、避けられるべきは人口構成の偏りではないだろうか。一時期にある世代に偏った増加が見られると、その世代に必要な施設やサービスがある時期に供給され、ほどなく不要になる。一方で、適度なバランスで世代が更新されていくと、限られた地域資源を丁寧に継承していくことができる。これらによって、住まう場が継承され、住み続けられる地域の像を共有することが、未来に向けた目標になるのではないか。少人数でも地域社会が持続していくような、あるいは持続していく展望が持てるような地域づくり、地域経営のあり方が求められていると言える。

ここで人口減少の状況が少し先に進んでいる地域の事例を見ておきたい。

愛知県北設楽郡豊根村は、愛知県の奥三河に位置し、静岡県、長野県と県境を接する、人口1017人（2020年国勢調査）の村である（図2）。過疎問題に対して、都市農村交流事業をはじめ様々な取り組みをしてきたが、人口は減少局面にあり、2040年には545人になることが推計[※2]されている。2023年には高齢化率60％を超えたあたりで、高齢化率も頭打ちになり、順次減少していくことが推計されている。先行して、少人数社会の中に位置している。担い手が不足し、民間サービスが撤退し行政負担が増加しているといった課題があり、第6次総合計画[※3]の策定を通じて、地域外の活力を取り込みながら、集落で

図2　愛知県北設楽郡豊根村の様子

※2：男女・年齢（5歳）階級別データ『日本の地域別将来推計人口』（平成30（2018）年推計）、国立社会保障・人口問題研究所、https://www.ipss.go.jp/pp-shicyoson/j/shicyoson18/3kekka/Municipalities.asp（2022年9月30日閲覧）

できることは集落で、村民でできることは村民で取り組みながら、「少人数でも持続できる村へ」を目標像に掲げた村づくりを進めている。第6次総合計画のなかの将来目標、基本戦略には、「子どもが将来帰りたいと思えるようにしよう」と村外に出た子どもたちにUターンを促したり、「人口が減少しても続けられる地域をつくろう」と現役世代の負担軽減を図ったりする戦略が示されている。少人数の地域社会の生き抜く方策を先取りしている事例と言えるのではないだろうか。

こうした人口増加を政策目標にすることに対する問題提起は、本書がはじめてではない。宮口[※4]は著書『過疎に打ち克つ』のなかで、「過去の人口が多かった時代を再現しようなどとは考えず、少数の人間がその地域で、どのようなきちんとした生産と生活のシステムをつくることができるかを、原点から洗い直すことである」と指摘し、「時代にふさわしい地域の価値を内発的につくりだし、地域に上乗せする作業」が地域づくりであるとしている。

本書もこうした一連の議論に続くものであり、空間から発想し解決策を指向する建築学の立場から、少人数社会のあり方を展望したい。

多様な担い手との「新たな価値創造」

少人数でどう地域社会を支えていくか。まず、手がかりとなるのは、外部との関わりである。人口や担い手の減少に向き合う農山村の地域が、地域外の主体や資源と関わらずに単独であり続けることは難しい。「時代にふさわしい地域の価値を内発的につくりだし、地域に上乗せする作業」を行うためには、地域外の主体や資源と関わりを構築し、多様な場を生み出

※3：豊根村『第6次豊根村総合計画——むらづくりビジョン2027』、2018年3月、http://www.vill.toyone.aichi.jp/right/housin.html（2022年9月30日閲覧）

※4：宮口侗廸『過疎に打ち克つ——先進的な少数社会をめざして』原書房、2020

す必要がある。田中[※5]によって「特定の地域に継続的に関心を持ち、関わるよそもの」とされている「関係人口」や、徳野[※6]による地域外家族との関係に着目した「T型集落点検」に見るように、都市住民、地域外の住民、他出した子世帯が、田畑・山林での生産、集落空間の適正管理の担い手として期待できる。そして、具体に身体を動かす担い手としてだけでなく、小田切[※7]によって「交流の鏡効果」と称されているように、農山村の人々が都市住民との「交流」によって、「都市住民が『鏡』となり、地元の人々が地域の価値を都市住民の目を通じて見つめ直す効果を持つ」役割が期待されている。また、「ネオ内発的発展論」[※8]に見るように「地方と外部が相互に関係し」「広範囲に及ぶプロセス、資源、行動を自分たちのためにハンドリングできるような地方自らが能力をいかに高めていくかである」が重要として、農山村においても、地域外部との主体や資源との関係を持ちながら、地域自らが意思決定、ハンドリングすることの重要性が指摘されている。

わたしたち筆者グループの前著『住み継がれる集落をつくる』[※9]で、山崎によって示された2つのシナリオにあるように、少人数社会を支えていく上で、外部との関わりを構築していくことは重要である。都市住民、地域外の住民、他出した子世帯といった多様な担い手と「ご縁」をつないでいくことで、活動量を落とさず、地域を支えていくことが期待できる。また、活動量と同時に、外部との交流、関係よって地域社会に「新たな価値創造」を行い、地域社会の質的変化を期待することが重要である。こうした地域外の主体との関わりによる地域づくりのあり方は、本書の4章において、具体の実践事例とともに詳細に論じられている。あわせて参照いただきたい。

※5：田中輝美『関係人口の社会学――人口減少時代の地域再生』大阪大学出版、2021

※6：徳野貞雄：「コンピュータに頼らない『T型集落点検』のすすめ」『現代農業』2008年11月号増刊、pp. 110～120、2008

※7：小田切徳美編『新しい地域をつくる――持続的農村発展論』岩波書店、2022

※8：安藤光義・フィリップ・ロウ編著、『英国農村における新たな知の地平――Center for Rural Economy の軌跡』農林統計出版、2012年7月

※9：山崎義人・佐久間康富編著『住み継がれる集落をつくる――交流・移住・通いで生き抜く地域』学芸出版社、2017

期待される次世代への継承

以上のように、こうした地域の内部と外部の関係のなかで、集落の今後をとらえるまなざしが議論されてきたが、そこに地域社会を次世代へ継承することによる将来展望の可能性を加えたい。豊根村の事例でも見てきたが、少人数社会においては、地域社会が持続する展望を描けるかどうかが重要である。推計のように人口減少が進むなか、集落内外の関わりのなかで「新たな価値創造」の場を構成しながら、単純な人口の増減ではなく、目標となり得る適切な人口構成と世代の継承により、地域社会が持続する展望が期待される（図3）。

いくつかの事例を確認しておきたい。『住み継がれる集落をつくる』で紹介されている山梨県早川町古屋集落の事例では、人口が8名から4名に減少していくなかで、「家を貸してもよい」と決断し、7人家族が移住してきた経緯が報告されている。山村留学をはじめとした地域外支援者の継続的な関わりを契機として、新たな世代が移住している。人数が増加したことはもとより、新たな世代が移住してきたことで、集落の持続性が展望できたことに意義がある。自身の世帯は継承されないかもしれないが、新たな世代の転入によって、集落の継承が展望でき、将来を見通せる環境で暮らしの時間を重ねていくことができる。

また、京都府南丹市での取り組みから広がった「集落の教科書」の事例※10からも、次世代への継承の可能性をうかがい知ることができる。「集落の教科書」は移住者に向けて地域の「良いところも悪いところも伝えたい」と、集落の暮らしを紹介する冊子づくりの取り組みである。制作過程において集落のルールが世代間で共有されることで、これまで集落の自治

※10：田畑昇悟『「集落の教科書」のつくり方』農山漁村文化協会、2022

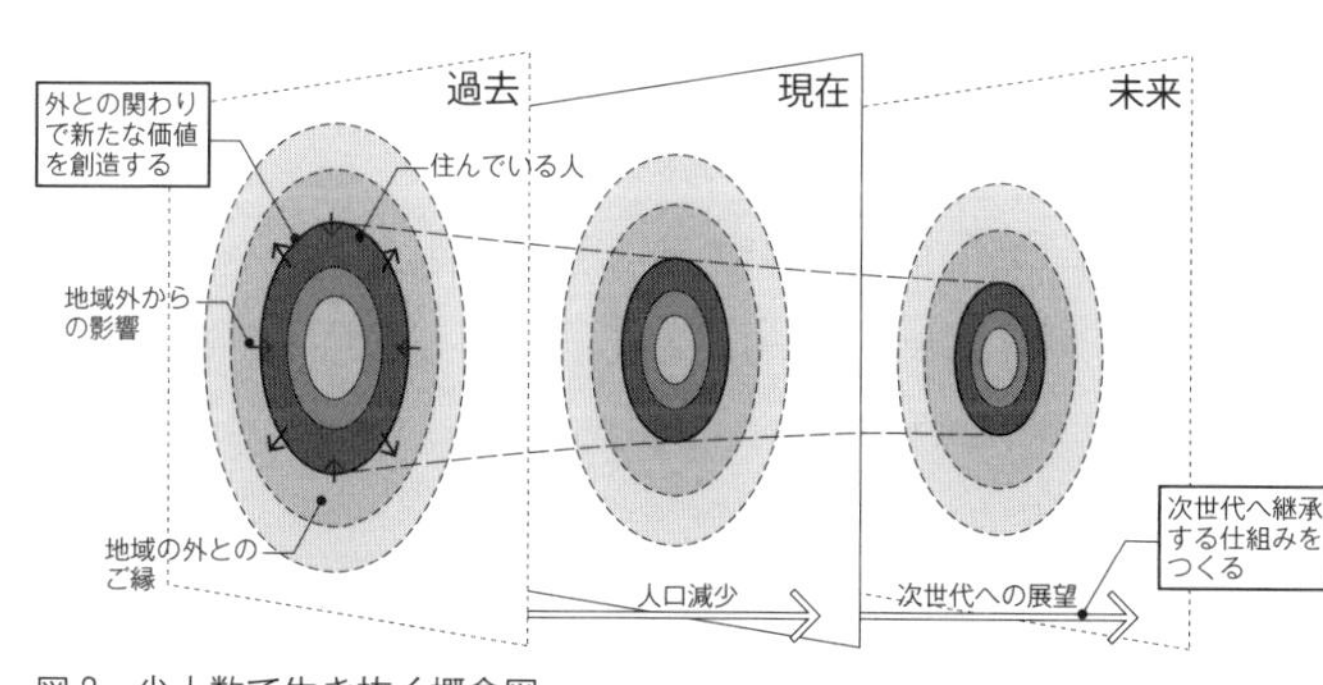

図3　少人数で生き抜く概念図

を担ってきた世代と次の担い手世代が対話する機会となっている。結果として次世代が集落のあり方を考え、必要に応じて世代にあわせたルールに再構成する機会になっている。少ない担い手の負担をどう軽減していくのかも、少人数の地域社会における課題である。

和歌山県紀の川市、「あらかわの桃」の産地として有名な桃山町では、2020年で人口約6800人、高齢化率約36%である。人口推計では、2045年には約5600人と減少するが、高齢化率は、同じく2045年で約38%と微増にとどまっている。隣接する和歌山市のベッドタウンとなっている地区では、2020年に約30%だった高齢化率が2045年には約55%と推計されているのとは対照的である。桃のブランド化に成功しているため、農地で一定の収益を上げることができ、大規模な開発の必要もなく、既存の集落の周りに子世帯の居住の受け皿となるような小規模な開発が行われている（図4）。人口減少が推計されているが、人口構成は大きく変わることなく、結果として地域社会の持続性が実現しようとしていることが推察される。実際は営農の担い手の減少などの課題は出てきている[※11]が、安定した人口構成で推移することで地域社会の持続性が展望されることが見えつつある。少人数社会の一つのあり方を示唆しているのではないか。

そしてこうしたあるべき未来に対して地域が「変わる」ことも重要である。

和歌山県では高い確率で発災が予想されている南海トラフ巨大地震への備えとして、復興計画の事前策定の取り組みが進んでいる。2018年に県が公表した「復興計画の事前策定の手引き」をもとに、2022年11月現在で美浜町、印南町、太地町の3町で策定済みで、ほか2町で計画素案を策定、6市町で素案策定に取り組んでいる[※12]。復興計画の事前策定

図4　紀の川市桃山町の様子

※11：辻和良・岸上光克「和歌山県におけるモモ産地の展開」、和歌山大学食農総合研究教育センター「食農総合研究教育センター研究成果」第17号、2022

に際しては、発災想定時期と計画期間、想定人口の設定が課題であるが、太地町など都市計画マスタープランと連動する市町の場合は20年後の将来を見据え、10年間の計画期間とし、人口減少を加味して計画されている。県の手引きに先んじて取り組まれた由良町では一世代先、30年後に町に住む世代の意見を抽出した分析が行われている※13。推計通り人口が減少した地域社会（少人数社会）において、大規模災害の発災後、復興により産業が早期に復旧し、多くの担い手が地域で暮らし続け、地域が持続していくイメージが検討されている。

　こうした事前復興の取り組みに対して加藤孝明氏（東京大学）は、今後の復興は人口減少などの社会経済状況に適合するように「変わる力」が大事で、「事前復興は、持続性のある明るい地域の未来をつくる取り組みであり、投資である」としている※14。事前復興の取り組みも少人数社会への対応も、人口減少という局面に適合し、次世代への継承が展望できるように「変わる」ための投資であるとも言える。

　和歌山県那智勝浦町の色川地区（図5）では、地域による空き家のマネジメントが行われている※15。地域の自治組織である色川地域振興委員会、または各集落において、空き家の状況を確認し台帳に整理している。また、長く居住者が常駐していない家屋（空き家）の世帯に対して、地域の事情に精通している定住世話人から、空き家の所有者に対して利活用（賃貸・売却）への声かけをしている。利活用可能な空き家を、丁寧な地域の説明の機会（15軒訪問と呼ばれ、定住希望者のプロフィール、希望するライフスタイルにあわせて、実際に定住する前に地域の人々をおおむね15軒訪問する）のあと、定住希望者、地域側双方の確認の結果、選択された集落の空き家が定住希望者に紹介される。近年では危機感のある定住世話人によって十数軒

※12：佐久間康富・平田隆行・山本昌輝・戸田公一「和歌山県における復興計画の事前策定と連携した都市計画マスタープラン策定の取り組み」『日本建築学会大会学術講演梗概集（東海）』２０２１年9月、pp.89-90

※13：平田隆行「漁村集落の事前復興―和歌山県での試み」『農村計画学会誌』２０２０年39巻1号、pp.39-42

※14：朝日新聞「わだいの災害科学：事前復興 地域の「変わる力」大事」２０２３年1月15日朝刊（和歌山全県）

※15：小田切徳美・筒井一伸編『田園回帰の過去・現在・未来――移住者と創る新しい農山村』農文協、２０１６

の空き家が購入され、適宜定住希望者に賃貸されている。さらに、定住者は最初の家屋に数年居住したあと、より条件のよい家屋に住み替えをしている状況が確認されている。このように色川地区は、複数の集落からなる300人ほどの地区であるが、限られた地域資源をマネジメントしながら、当初の家屋所有者から、次世代の居住者へ利用が継承される仕組みが確立されつつある。

こうした地域資源のマネジメントも新しいものばかりではない。かねてより農山村の集落では「隠居」の仕組みが存在しており、それぞれの世帯のライフステージに応じて、家族内で住み替えをすることで、限られた家屋、田畑、山林を次世代に継承することを繰り返してきた。現在、こうした親世帯と子世帯の近しい距離をそのまま援用することは難しいが、集落や地域内、あるいは都市間の広がりのなかで、あるいは血縁を越えた関係のなかで、農山村の地域資源を次世代に順繰りに継承していく可能性はないだろうか。

これまでの地域で引き継がれてきたもの、地域社会のルールや暮らしを含めた生活文化、これらの舞台となる住まいや田畑、山林、その結果として表れる景観や地域らしさを継承しながら、少人数社会にあわせて地域社会を組み替え、次世代への継承の仕組みをつくる。それによって将来に向けた地域の持続性を展望する、こうした少人数社会における次世代への継承の可能性がかたちづくられ始めている。

図5　那智勝浦町色川地区大野集落の様子

1章　なりわいを立て直す

1・1 小さな漁師町の地域組織による漁業と観光業の新展開

和歌山市加太

人口2334人

青木佳子

1 組織的な協働で地域の暮らしと生業を支える

和歌山市加太は古くからの伝統漁法を行う漁師町であり、同時に観光業にも歴史がある。地域の衰退が顕著になり始めた2010年頃から、主たる生業組織である加太漁業協同組合と加太観光協会、住民組織である連合自治会が協力して地域づくりを行うこととした。住民間の議論の場である加太地域活性化協議会をつくり、その財政部門として加太まちづくり株式会社を住民の力で設立した。地域づくりを目的として組織が協働する体制を整えることで組織間の連携が取れるだけでなく、地域外の受け入れや協働が可能となったことから大学や学校との連携や、行政事業を受け入れて地域の力で実施するなど、これまで以上に地域づくりの事業展開が可能となった。

本稿では、住民から成る地域組織の連携によって組織的な地域づくりを行うことで、他者を巻き込みながら新たな事業に展開していく事例を紹介しつつ、その展開可能性や課題について考えたい。

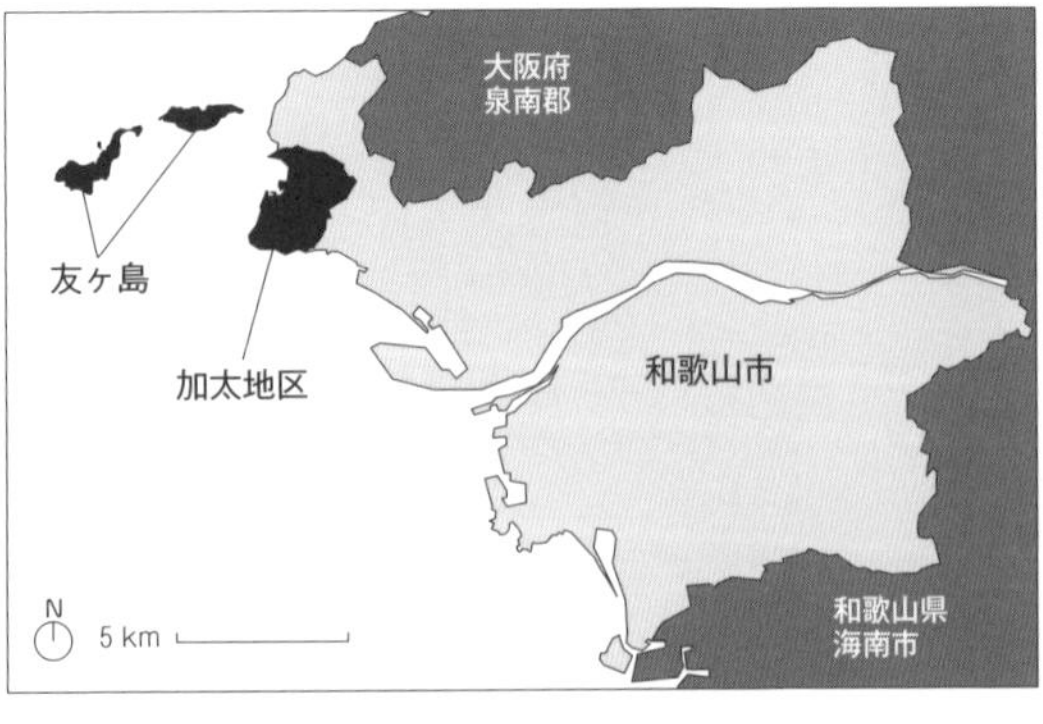

※1：友ヶ島とは、地ノ島・虎島・沖ノ島・神島の4島で構成される群島の総称である。

図1　加太地区・友ヶ島の位置

2 漁師町におけるコミュニティと漁業・観光の生業組織

加太の特性

和歌山県和歌山市の北西部に位置する加太は、急峻な山地と遠浅な湾に囲まれた漁師町で、1958年に旧海草群加太町から和歌山市に合併し和歌山市加太となった。弥生時代の生活跡が出土するなど昔から人が住む湾沿いの旧市街地（地域では「旧五丁」と呼ばれる）と、山間部地区（深山・城ケ崎）、戦後に日本軍練兵場跡地を開拓して住宅地とした新市街地（新町）、1980年以降に山地部に宅地開発された新興住宅地（サニータウン等）などのエリアがある。また、紀淡海峡に浮かぶ無人島群である友ヶ島※1も加太に位置する（図1～図3）。

加太近海は近畿地方でも有数の漁場であり、中でも真鯛の一本釣り漁法で知られている。集落北側の海岸にある海水浴場は、夏は大阪等近畿圏からの海水浴客で賑わい、また南西端には雛流しの神事で知られる淡嶋神社があり、現在も一年を通して多くの参詣者が訪れる。かつての日本軍の要塞にもなっていた友ヶ島は、近年はSNSの発信力効果などの影響もあり、島にレクリエーションに訪れる観光客が増加した。地域内にはこうした観光業に立脚した民宿や旅館、飲食店や土産物屋などのほか、古い街並みを残す民家や細い路地なども依然として存在する（図4）。交通アクセス面では、南海鉄道加太線で加太駅から20分程度で和歌山市中心部である和歌山市駅へ出ることができる。また、加太と関西国際空港間も車で1時

図2 加太の航空写真（撮影：黒岩正和）

図3 港の様子

間程度の距離であることから、コロナ禍に差し掛かる数年間はインバウンド需要も高まりつつある中で加太においても外国人観光客が度々訪れるようになっていた。

2022年12月現在の人口は約2334名、世帯数約1143世帯であり※2、多くの他地域同様に減少傾向にある。コロナ禍で観光業が厳しい状況にも関わらず、地域内においては近年新たに数件の店舗が開業するなど部分的には比較的、活気を取り戻しつつある。また、近年は伝統的に行ってきた小規模漁法が海中環境維持やSDGsの観点から注目されメディアに取り上げられることもある。

自治会組織

加太地域の意思決定や地域づくりの場面においては主に自治会・漁業協同組合・観光協会の3つの組織が大きな役割を担っている。加太は12の丁（ちょう）と呼ばれる自治会に別れており、それぞれに自治会長が存在する。自治会全体を加太連合自治会として組織し、連合自治会長が別に存在する。この連合自治会長がいわば村長的な役割を担っており、主たる最終決断を下す立場にある。ちなみに、各自治会（各丁）の下にさらに隣数件で構成される「班」があり、現在も回覧板を回す際や、葬儀などの非常時には必要に応じてこの班ごとに協力することとなっている。立地的には和歌山市内ではあるが、中心部からは比較的離れており行政の目が届きにくいことも相まって、今もなお小規模地域ならではコミュニティ体制を維持している。

図4　友ヶ島を望む加太の風景

※2：和歌山市HP「令和4年12月1日現在の国税調査基準人口世帯数」に基づく。

※3：一本釣り漁師が割合として多いのは、漁法別に見た場合に、同じ魚でも他の漁法で獲ったものより一本釣りで獲ったものの方が平均単価が高いためであ

漁業と加太漁業協同組合

加太漁業協同組合は1891年に発足した。加太では小規模な沿岸漁業を行っており、主な漁場は友ヶ島周辺に集中している。漁業権に関する規制は多くあり、例えば漁業組合員以外が漁業を行うことは禁止されているほか、えさや操業の仕方、操業時間の規制などが存在する。漁法も、獲りすぎ防止と海中環境への配慮から、一本釣り（図5）・刺し網（加太では「たてあみ」「あみたて」と言う）・蛸壺・潜水（素潜り）の4種のみ可能というルールがある[※3]。

このようにして古くから豊かな漁場を維持してきた加太も、1981年代後半になると、近隣の山の土取り工事[※4]により環境変化が海にも影響した。これにより、漁獲高が大幅に下がり、漁業従事者は大きな痛手を受けた。一方で、この保証金を目的として漁師になりたがる者が増えたため、漁協では組合員になるための条件も漁業従事年数等で厳しく規制し、これが今も存続している。このような背景から、新たに外部から漁業に従事したい者が参入することは難しい状況であり、漁協の組合会員数は、1971年の時点では309名であったが、2000年には206名、2022年現時点では、78名であり長い間減少傾向にある。

観光業と加太観光協会設立の経緯

現在の加太における主要な観光資源としては、砲台跡が残る無人島・友ヶ島や風光明媚な街並みのほか、海水浴場、鮮魚を提供する飲食店、温泉や旅館等が挙げられる。修験道の開祖・役行者ゆかりの経塚の一つが友ヶ島にあり、さらに雛流しで有名な淡嶋神社への参詣客

る。漁獲量は刺網の方が多いが、単価としては一本釣りの方が市場価値が高い。加太漁協は2022年に「マダイ一本釣り漁業」でMEL（マリンエコラベル）認証を取得している。

※4：関西国際空港建設時の大阪湾埋め立て工事にあたっては、その埋め立てに使用する土砂のうち34％を加太の山地から切り崩した。これにより約135万坪の森林が消失したと言われている。

図5　一本釣り漁の様子

もあるなど、大阪からのアクセスの良さとあいまって今では観光地として注目を集めている。しかし歴史をひもとけば、戦後の混乱期を経て、観光業が加太の地域経済の柱になるまでには、紆余曲折があった。

１９４７年、戦中から長く入島が禁じられていた友ヶ島の入島禁止解除を見越して、友ヶ島を観光地化する計画が持ち上がり、県観光連盟主導のもと加太町長を委員長とした「友ヶ島開発実行委員会」が結成された。戦後の混乱期にあった当時、不足する刑務所を友ヶ島に設置する動きがあり、それに対して起こった住民による刑務所誘致反対運動をきっかけに、住民の間にも友ヶ島の観光開発化の気運が高まっていった。結果、刑務所設置は見送られ、友ヶ島を含む地域を瀬戸内海国立公園に編入するよう目指す運動が起こるなど、加太は友ヶ島を一つの焦点として、観光地化へと舵を切っていった（図6）。１９４９年、かねてより交渉していた国からの友ヶ島払い下げのための資金を捻出すべく、加太の全町民が株主となり「加太観光開発株式会社」を設立し、翌年１９５０年に沖ノ島（友ヶ島4島の一つ）の払い下げを実現したが、加太町が海草郡から和歌山市に合併される１９５８年、友ヶ島は和歌山市の所有とするところとなった。１９６０年に出資者への資金整理が完了した際に株式会社は解散したが、その主要な人員で「加太観光協会」が再結成されるに至り※5、現在もなお主要な地域づくり組織として活動を続けている。

１９６０年当時の加太の観光客数は年に40万人ほどであった。人口は１９６５年を境に減少傾向にあるが、観光客数は70年代以降も伸び続け、１９７５年には90万人、90年代後半には１００万人を超えるほどになった。

図6　今も残る友ヶ島（沖ノ島）の軍事遺構

※5：元々の加太観光協会は１９２６年に設立されたことが通帳登録日によりわかっている。加太観光開発株式会社発足の際に観光関連業務を会社へ引き継いだと考えられる。

こうして加太が観光地化していくにつれ、漁業従事者が飲食店や釣宿を兼業し始めたりするなど、地域の生業のあり方も変化していった。現在の観光協会には旅館業や飲食店のほか、食品・雑貨販売店や土木会社、寺社等多種多様な業種が加盟している。協会の収入源は会費であり、主な活動として観光促進につながるイベントや祭り等を行う。しかし、2000年以降、観光業種の減少により会費収入が減少したため、協会内で「会員拡大委員会」を立ち上げ、建築業など直接的な接客業以外の業種への勧誘や、加太地区外の会員を増やすことに決めた。以降、加太の「支援会員」として加盟する加太地区外の業種も増やした。

加太地域内の観光産業は1970年代半ば以降、釣りとレジャーを軸に発展し、漁業者の中にも宿業や飲食業、釣船業を行う人が増えた。この時期に漁協と観光協会の間に互いの生業を支え合う関係が成立したと見られる。また、航海の安全を祈願する地域の伝統的な祭り（えび祭り、図7）は若手の漁師たちと地域住民とが一体感を高める機会となっていた。しかし、1980年代から2000年頃には一貫して増加していた観光需要は徐々に成長が鈍化した。地域の人口も80年代以降は減少が顕著となり、2005年頃には戦後のピーク時の3分の2に当たる4千人を切った。

地域の衰退により顕著になった課題

このように、漁業も観光業も2000年代には衰退が目に見えるようになってきた。特にそれ以前は、漁業協同組合、観光協会、戦後に一時的にできた行商組合のほか、海水浴場を管理する浜店組合、そして地区町内会としての自治会等、多くの組織が併存し、祭り等では

図7　えび祭りの様子

協力しながらも基本的には各々が別々の活動を行っていた。しかしながら、人口流出に伴う高齢化率の増加など、加太地区を取り巻く社会条件が厳しくなってきたことにより次のような種々の課題が顕著になり、対応を迫られるようになった。

- 人口減少・高齢化率増加に伴う自治会機能の脆弱化。
- 小規模沿岸漁業の漁獲高の低迷と魚介類の単価下落により、漁師が著しく減少し、地域としての生業維持が厳しさを増す。
- 海水浴場の管理母体であった浜店組合が、組合員減少を理由に解体。加太の一大観光要素である海水浴場の管理問題が発生。
- 小・中学校の生徒数が年々減少し、その存続に対する不安の声が上がり始める。

このような課題を背景に、これまで各々の活動を行っていた組織間連携の必要性が高まり、会長同士の話し合いを発端に組織的な連携へとつながっていった。

3 組織間連携による活性化協議会およびまちづくり会社の設立と役割

加太地域活性化協議会

前述の社会課題は当然ながら、もともと組織ごとに取り組みを迫られていた担い手不足の問題の変奏に過ぎない。しかし、あらためて地区としての衰退が誰の目にも明らかになるにつれ、これまで各々で活動していた組織が「地域づくり」の観点から結束し、新たな打開策を模索する気運が高まった。かつての最盛期と比較して、各組織だけでなく地域全体の衰退が顕著となる中で、主に観光協会の働きかけにより、漁協や自治会等の組織と、本来の枠組みを超えて連携していく動きが始まった。各組織が結束して地域づくり共同体をつくるための協議が始められることとなった。

発端は、2007年頃に観光協会の若手メンバーから、今後は組織同士が理念を共有しながら議論をしていく場をつくるべきとして自治会に話を持って行ったことに始まる。以後、観光協会・自治会・漁協の3者で話を進めていくこととし、「活性化協議会準備会」を立ち上げた。協議会の立ち上げにあたり、全国の地域協働の事例を調査した後、2010年、加太の地域づくりを目的とした共同体として、住民主体で「加太地域活性化協議会」を発足した。

この活性化協議会は、それぞれの組織の理念やあり方を尊重しながらも、地域づくりを切り口とした新たな理念を掲げることとした。設立時には和歌山市市長も同席の下、各種団体長の意見交換会を開催し、それらをもとに理念と事業内容を定めた（表1）。

設立にあたっては、その初動のみ地域づくりを専門とするコンサルタント

表1　加太地域活性化協議会の理念と事業内容

加太地域活性化協議会

理念

加太地区住民の安定した生活の実現を目指し、経済活動及び社会活動を活発化させ、加太住民が誇りを持ち、安心・安全な地区の繁栄に寄与する。

事業内容

(1) 加太住民である事の誇りがさらに持てるための研究。
(2) 安心・安全なまちづくりに関するハードやソフト整備の研究や計画。
(3) 地域内での収入が得られるための研究、開発。
(4) 地域内での少子高齢化社会に向けた対策や研究。
(5) 地域の自然・歴史的資産の保護やそれを活かした研究や計画。
(6) その他協議会の目的を達成するために必要な事業。

に依頼し、住民参加型のワークショップ等を実施した。このワークショップを通じて、活性化協議会の目的や役割について話し合う中で、住民の自主的な地域活動への意欲を引き出した。活性化協議会は、「地域の安心安全を守る班」「語り部班」「お土産開発班」など、地域づくりに向けた住民のアイデアが組織的に実現できるサークル的な存在となり、現在までに10以上のチームがある。

活性化協議会の組織体制としては、会長を自治会長が務め、副会長は漁協組合長、観光協会長、自治会副会長の3名が担うこととした。このような体制とすることで、地域づくりにおいて今後も漁協、観光協会、自治会の均衡を保つことを重視した。

加太まちづくり株式会社

一方で、活性化協議会は任意団体であり主たる財源がない。そのため、補助金等の申請

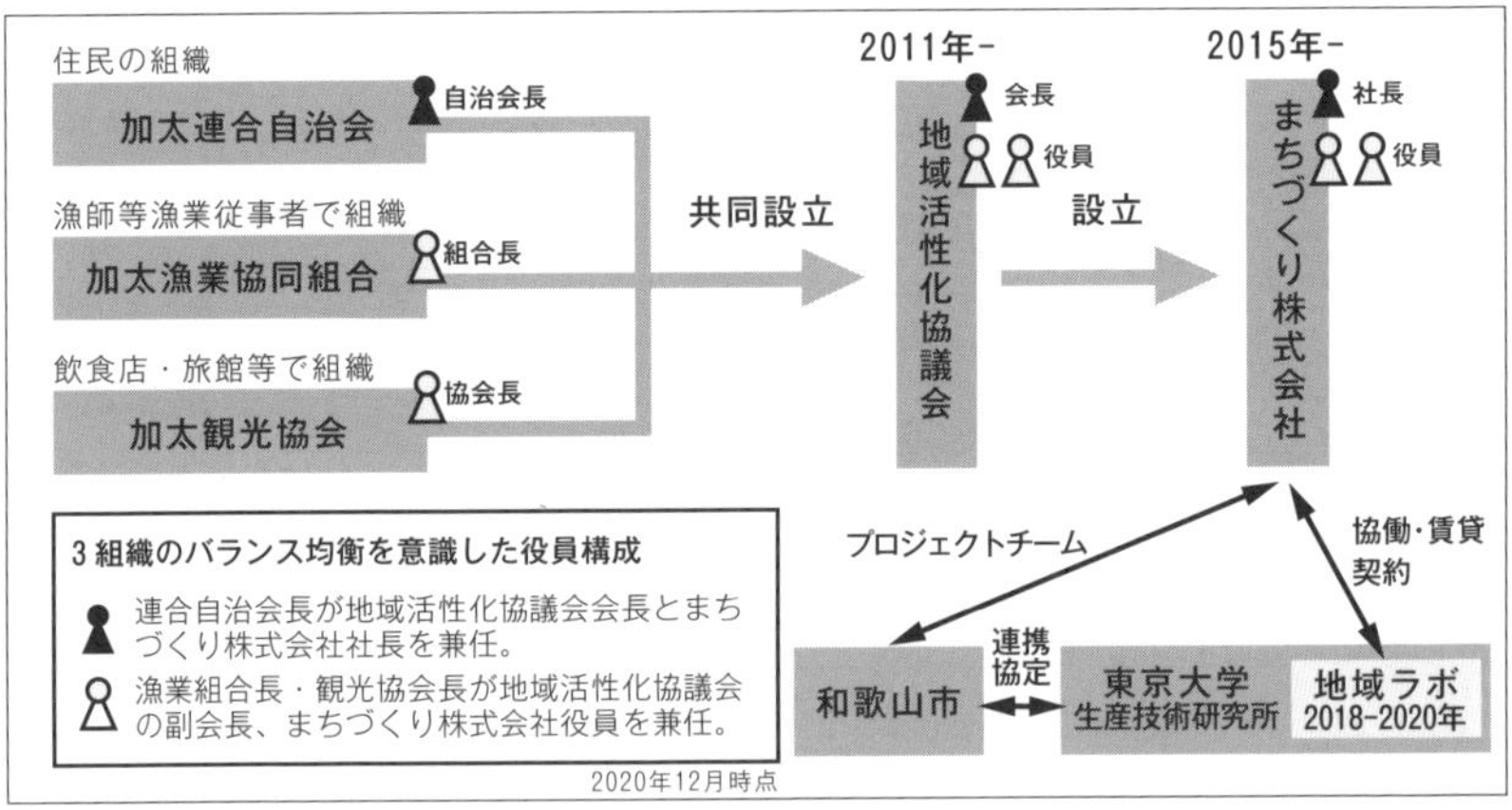

図8　加太における各組織の体制図

住民の組織
加太連合自治会　自治会長
漁師等漁業従事者で組織
加太漁業協同組合　組合長
飲食店・旅館等で組織
加太観光協会　協会長
共同設立
2011年－
地域活性化協議会　会長　役員
設立
2015年－
まちづくり株式会社　社長　役員
プロジェクトチーム
協働・賃貸契約
和歌山市
連携協定
東京大学生産技術研究所
地域ラボ 2018-2020年
3組織のバランス均衡を意識した役員構成
連合自治会長が地域活性化協議会会長とまちづくり株式会社社長を兼任。
漁業組合長・観光協会長が地域活性化協議会の副会長、まちづくり株式会社役員を兼任。
2020年12月時点

図9　まちづくり会社会議の様子

主体となることはあっても、基本的には住民が自主的に地域づくりを行っていくためのシンボルとしてあくまで住民たちの自主的な活動を奨励する役割にとどまっていた。そこで、地域の発展に必要な収益事業を行うべく、活性化協議会から派生する形で2015年7月に「加太まちづくり株式会社」を設立した※6。主な体制は活性化協議会と同様で、社長を自治会長が務め（活性化協議会長と兼務）、副社長には漁協組合長、そして事務局長に観光協会長（当時）を任命し、3組織のバランスが意識的に調整されたものとした（図8）。この株式会社は、役員の無報酬を当初から定め、あくまで地域活性化の潤滑油として経済活動を行うための会社であるという共通認識を強固にしている。

加太まちづくり株式会社では、地域資源を活用した観光振興事業、鮮魚等特産物の販売事業、海水浴場の施設管理、グラウンド駐車場の運営、イベントやPR事業、空き家活用事業など、3組織が備える強みや資源を持ち寄る事業を行っている（図9）。また、地域の教育施設（青少年国際交流センター）の指定管理の受託者となり、施設管理をするため地域内における人材雇用にもつながっている。これらを株式会社として行うことで収益を循環する仕組みづくりが行えることとなった。また、後述の大学連携拠点やその斜向かいに立地する飲食店においても、設備整備における改修事業主体や契約の受け皿となっている。このように、地域の発展という目標に対して、地域組織として協議会と株式会社を適宜使い分けながら、事業展開を行っている。

※6：設立にあたっては、国策のもとに設立された「わかやま地域活性化ファンド」の出資金を資本とした。この出資は本ファンドの第1号案件で、少人数地域の住民たちによって設立された一会社が行政の介入なしに直接的に出資を受けた事例である。

図10　地域ラボ開室時の様子

4 大学連携による地域拠点における取り組み

活性化協議会と加太まちづくり株式会社の活動も安定してきた2017年頃、それ以前より地域の調査提案に携わっていた東京大学生産技術研究所川添研究室との関わりの中で、今後も継続的に学術機関と連携をとっていくために研究拠点の設置検討が行われ始めた。これまでは地域と一研究室との関わりであったものが、これを後押しする形で東京大学生産技術研究所と和歌山市が組織的に連携した研究や取り組みを深める相互協力・連携に関する連携協定を締結し、正式に大学連携の中で地域拠点を設置することとなった。

拠点は「東京大学 生産技術研究所 川添研究室 加太分室地域ラボ」（以下「地域ラボ」）として、2018年に漁師の蔵を改修して開室し、筆者が研究員として約3年間地域に常駐しながらの運営を行った（図10）。また、同年、地域ラボ開室と合わせてまちづくり会社で加太出身の若者をオーナーとして、鮮魚や喫茶を提供する飲食店（seafood and cafe SERENO）を開業させた（図11、図12）。この店も軌道にのり、現在では加太内外から数名のアルバイトを雇用するに至っている。

地域ラボの活動

地域ラボ※7では、活性化協議会やまちづくり株式会社と連携しながら地域づくり活動に携わるほか、「研究調査」「人材育成」「情報発信」「拠点づくり」の4つの活動を行った。開

図11 地元の若者が開業したカフェSERENO

※7：現在、常駐研究員はおらず、まちづくり会社および地域おこし協力隊の事務所として機能しているが、研究員が訪問する際には、研究施設としても使用している。

室翌年の2019年には連携協定の元、和歌山市の職員が大学の協力研究員として地域ラボに常駐し、行政と地域との連携もより円滑になった。さらに同年、生産技術研究所の他分野の2研究室も地域ラボを共有することで加太地域を対象とした研究の分野が広がることとなった（図13）。

前述の通り、市と研究所の協定締結を契機として、市としても加太が抱える種々の課題に取り組むため、市役所内に部署横断的なプロジェクトチームが設置された。このプロジェクトチームの外部アドバイザーおよび地域との橋渡し役を地域ラボが担い、行政と地域との連携に係る観光や産業文化芸術等に関する全41事業※8の検討がなされた。

また、加太には観光や海洋、歴史地理など種々の分野の学術研究者の訪問がある。研究者はこれまで加太に一方的に訪問し調査を行うだけであったが、このような研究者が地域ラボに立ち寄った際には、適切なヒアリング対象者を紹介したり既存データや情報を提供したりするなど、地域のコンシェルジュ的な役割を担うことがあった。地域拠点の意義としては、一般的に地域と学術機関との間でおこると言われる「地域連携疲れ」の要因の一つとして、「住民が提供する情報や知見が研究者同士で共有されないことによる負担」が軽減されることが考えられる。

5　住民組織を中心とした地域づくりの展開と課題

加太では元々存在した組織同士が地域づくりを目的に協働し、新たに協議会と株式会社を

※8：中本有美・青木佳子「加太地域における住民、行政及び大学による地域活性化施策について：成果と今後の課題点」和歌山社会経済研究所、2021年5月

図12　カフェ SERENO の海の幸定食

つくり協力体制を整えた。誰でも参加できる協議会という議論の場をつくることで個人の活動に組織的な協力を得られることとなった。また、地域内の組織を強固にすることで、地域外（行政・民間・大学など）と協力するような場面においても、地域としての合意形成が容易であり対外的に表に立つことができる。協議会あるいは株式会社がその場面に応じて前面に出ることで外部との連携や受け入れを行っている。このように地域づくりの第一歩として組織化することで地域外との情報交換や協働事業も円滑に行えるようになったと言える。

このような組織体制の整備が実現した背景には、元々の生業組織の結束や、戦後の友ヶ島活用に関する住民運動時の組織化の先例など、特有の歴史的背景や協働の気質も関係しているかもしれない。加えて、メンバーの多くが古くからの馴染みで、信頼関係が既にあり、個人の背景や状況も互いに知る仲であるため、例えば信頼ある元銀行員を会計に任命する、などの適材適所な人材配置が設立時点で可能であった。これは少人数地域ならではの状況とも言える。

今後の課題としては、協議会立ち上げメンバーから世代交代していく際に、その理念継承や各組織の均衡の維持が挙げられる。実際、２０２２年には会長兼社長が世代交代を行っている。地域組織の整備という形で地域づくりの骨格を整えることには成功したと言えるが、実態としては各組織の協力体制や活動力には、個人個人の力量も十分に影響する。このような組織的な地域づくりの進め方については、引き続きそのあり方に期待しつつ注目していきたい。

図13　地域ラボでの学生による調査の議論の様子

1·2 次世代の農村ネットワークで現れる有機農業の里の内なる力

熊本県山都(やまと)町　人口1万2735人

柴田　祐

1　地域の内なる力

熊本県山都町は、阿蘇カルデラを形成する南外輪山の南麓一帯と九州脊梁山地に属する標高300〜1千mの準高冷地に位置する（図1）。有明海へ注ぐ緑川と日向灘へ流れる五ヶ瀬川（それぞれ一級河川）の源流域にあたり、分水嶺ともなっている。古くから熊本平野から東九州方面へ至る流通・往来の中継点として栄えたが、1955年の4万3千人をピークに人口減少が続き、2022年10月現在1万2735人で、高齢化率は県下で最も高い52.5%であり、近年の県下の市町村別の人口減少率は上位をキープしており、人口減少と高齢化が特に著しい町である。

一方で、準高冷地に位置することから平野部との気温は各月平均で4度ほど低く、夏場のトマトやキャベツ、イチゴなどの高冷地の野菜栽培が盛んな地域である。1970年代から取り組みが始まった有機農業の蓄積は厚く、全国から山都町で有機農業をしたいという新規就農者が集まる地域となっている（図2）。そのようななか、町内の若手農業者を中心に設立

図1　山都町と芦北町の位置

された株式会社山都でしか（以下、山都でしか）は、地元農業者としての従来からの地域コミュニティ、山都でしかを中心とする町内の農業者ネットワークといった地域の「内なる力」をベースとしながら、さらに町外も含めたネットワークの絶妙なバランスのなかで様々な活動を行っている。

本節では、山都でしかの取り組みを紹介するとともに、福祉の分野で同様に内なる力と地域外の力の絶妙なバランスのなかで活動している、熊本県芦北町のNPO法人みさと（以下、みさと）の取り組みを紹介する。内と外の力のバランスや連携、双方向への波及などに着目しながら、内なる力による新たな取り組みの到達点と今後について考えたい。

2　山都でしかの取り組み

農業から地域づくりへ

山都でしかは、2017年2月に山都町内の農業者を中心に設立された株式会社で、社名は山都町でしかできないこと、山都町でしか出せない価値を形にすることから名付けられている。現在、中心的に動いているメンバー6人のうち4人がUターンで就農していて、2人が移住者となっている。

山都でしかの設立のきっかけは、2015～2018年に開催された「山都町食農観光塾」である。これは、山都町内で農業を営む若手農業者などを対象に、山都町主催で実施さ

図2　山都町の農村風景

れた、いわゆる地域リーダーの養成塾である。山都町の魅力を発見し、それらに食と観光という視点を融合させた事業創造を行うことができる人材へと育成することを目的に、農業の垣根を越え、他産業の地元事業者と連携できる機会が提供された。メンバーのほとんどはこの1期生である。1年間の塾の活動を終え、改めて山都町の魅力に気づかされたタイミングで、2016年4月に熊本地震が発生した。自然と「自分たちでできることをやろう」ということになり、益城町や西原村の被災地に出かけていき、炊き出しボランティアを続けていくなかでメンバーの結束が強くなっていったという。

さらに、山都町内の観光スポットでもある国重要文化財の通潤橋（つうじゅんきょう）も被災したため、その支援イベントとして「お田植祭for通潤橋」をメンバーで開催したことなどをきっかけとして、2017年2月に株式会社山都でしかを設立した。農業を中核とした山都町の資源を活かし、地域の人財・食財・お金の循環を生み、農業で地域おこしをすることを基本理念として掲げ、事業の三本柱として人材育成、地産地食、ブランドづくりを挙げている（図3）。

山都町での有機農業の歴史

山都町での有機農業の取り組みの歴史を振り返ると、1970年代にまでさかのぼる。安全、安心な作物への関心が高まる中、当時の矢部町農業協同組合を中心に有機農法の生産者グループが数多く発足した。グループ間で生産技術の共有や先進事例の視察などを行いながら、お互いに技術を向上させ、有機農業の生産技術体系をつくっていった。さらに生産者間の交流をはかり、有機農業経営の確立を目指しながら、消費者との距離を近づけていくこと

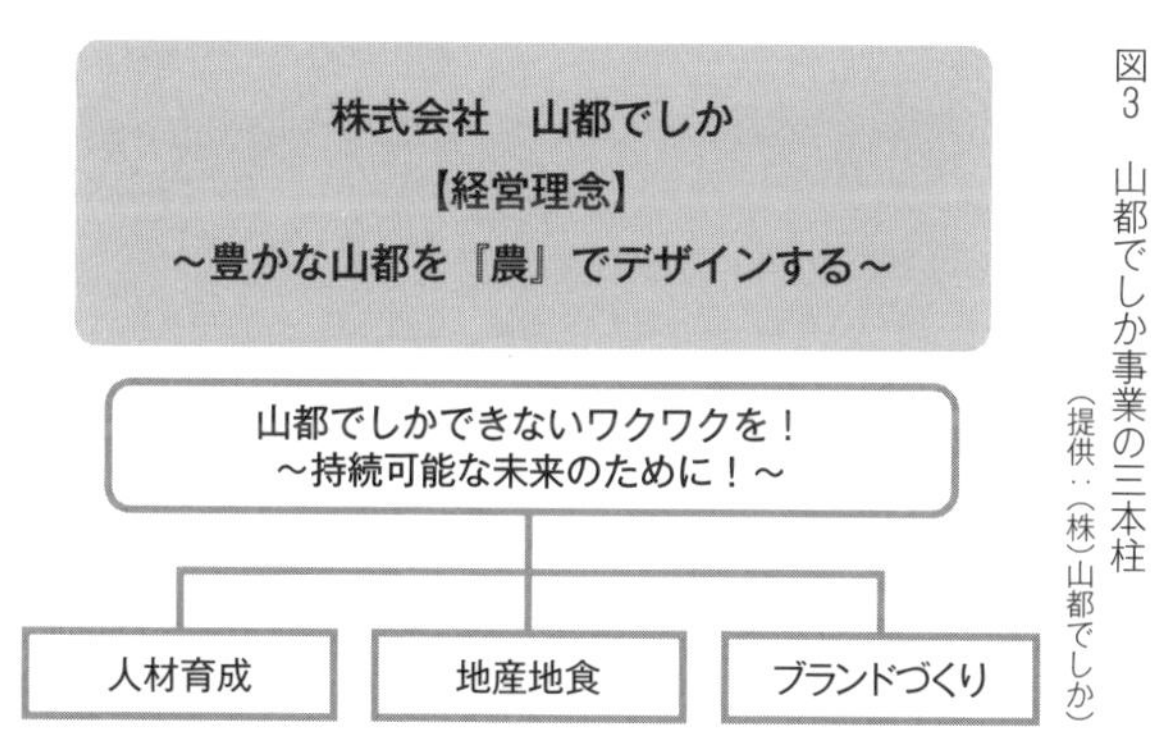

図3　山都でしか事業の三本柱（提供：(株)山都でしか）

を目的として、２００３年に矢部町有機農業協議会が発足した。２００５年の町村合併により山都町有機農業協議会に改称し、現在（２０２２年）、会員数１１１人を数え、生産者グループ間の連携と有機農業推進の中心的な役割を果たしてきている。有機ＪＡＳ認証事業者が52事業者と全国で最も多く（市町村別、２０２２年）、ＪＡＳ認証ほ場面積は90・２haにまで増加した。また、２００４年には、町内で生産された有機野菜の小中学校の給食への提供が始まり、さらに２０２１年からは有機米も提供されている。

山都でしかのこれまでの取り組み

・新規就農者支援

１９７０年代からの継続的な取り組みを経て、全国から有機農業をしたいという新規就農者が集まる地域として山都町が認知されるようになり、さらに２０１１年の東日本大震災以降は、有機農業による新規就農を希望する移住者が急増した。しかし、新規就農希望者の研修を受け入れたり、農地や住宅の斡旋などが追いつかず、有機農業をしたいという移住希望者とうまくマッチングできず、他地域へ行ってしまうという課題が明らかとなってきた。

そこで、山都でしかは、有機農家として新規就農を目指す移住者向けの受け入れ機関の設立に向けて動きはじめる。まずは、熊本県の担い手・企業参入支援課に相談を持ちかけながら、熊本県農業公社、ＪＡグループ、熊本県地域振興局、山都町農林振興課の協力・支援を得て、２０２０年に新規就農者の受け入れ、研修機関として「山都地域担い手育成総合支援協議会」が設立された。あわせて町は「山都町農業研修制度」を創設し、有機農業研修と移住定住促進を織り交ぜた町独自のワンストップの制度としてスタートさせている。

さらに、一般的な研修は、先輩の有機農家に研修に行き実地で学ぶ方法をとるが、実は、各農家で農法が異なり、必ずしも系統だって教えてもらえるとも限らない。そのため山都でしかのメンバーの一人が中心となって、研修とは別に有機農業に関する知識や技術を学べる「有機農業の学校」を設立し、有機農業の基礎理論、農家として独り立ちするための農業経営などを学ぶ場を提供するとともに、就農時の農地や住居のあっせん、販路についてもサポートする仕組みをつくっている。こうした取り組みが奏功し、山都町での有機農業の新規就農者の定着率は２０１７年からの5年間で94%という高い実績につながっている。

・地域ブランド発信事業

また、山都でしかでは、町民に対する町のブランド化事業も行っている。町外から来た移住者は、山都町に魅力を感じて移住するが、そこで生まれ育った人は意外と町の魅力を知らない場合が多い。しかし、町民自身が自分の町の魅力を知らなければ、地域振興はできないと考え、町民向けに町の魅力を知ってもらうイベントを開催している。その一つが町民向けの「レストランバス」の運行である。オープンカーになっている2階建てバスで山都町内の様々な農家を巡りながら、栽培方法などについて農家自身に説明してもらったうえで、そこで採れた食材をバスの中の厨房でシェフが料理し、バスで移動しながら食べるというツアーである（図4）。観光客向けではなく町民向けのイベントとして開催したという点が特徴的で、参加者からも町内にこんなにいいところがあったんだという感想を多く頂いたそうで、町民に地域のよさを気づいてもらうきっかけとなっている。

図4　レストランバスの様子

町が元気になるためには、そこに住んでいる人自身が町を愛することが重要であり、町民自身が町を愛さなければ、地域は元気にならないという山都でしかの指摘は改めて重要であり、このような町民に対する町のブランド化事業を実施する意義は大きい。

・ホテル日航熊本と連携した食育事業

ホテル日航熊本（熊本市）との食育事業にも取り組んでいるが、そもそものきっかけはメンバーの一人であるイチゴ農家との連携で、「親子で楽しむ春のイチゴ農園」というイベントを2017年4月に開催したことに端を発する。小学生と保護者50人にイチゴの収穫をしてもらい、それを使ったスイーツづくりをホテルのシェフやパティシエに学ぶというイベントが好評であった。それをきっかけに町内でのブドウの収穫体験、稲刈り体験などにつながっていき、メンバーにとっては身近にある農作物や収穫体験というものが魅力的なコンテンツになっていくプロセスを学ぶことになったという。

そのような経験を積み重ね、2022年4月に、山都町内に有機JASの認証を受けたホテル専用の農場「山都ファーム」を開設した（図5）。農場は、メンバーが所有する町内2カ所の農地約30aで、水田ではアイガモ農法でコメを栽培し、畑ではホテルの注文に応じて、葉物野菜などを育てている。今後はさらに、ホテルの利用客が農作業や調理を体験する食育ツアーなど町と連携して取り組んだり、交流や生産だけではなく、社員の研修なども農園で行っていく予定である。

・農泊事業

このように様々なイベントや体験事業を企画、運営してきたが、外部からの観光客につい

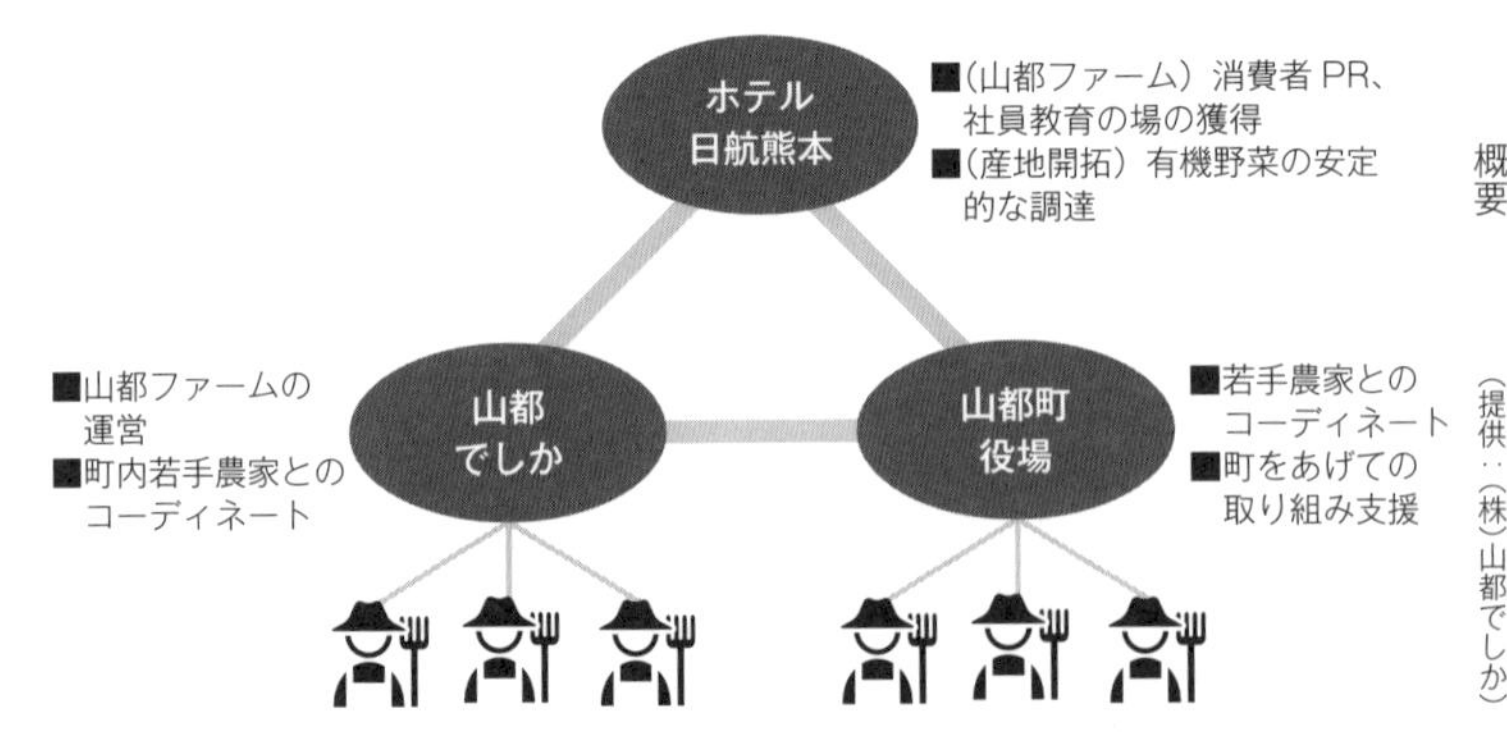

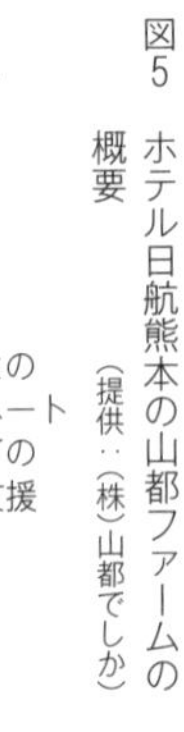
図5　ホテル日航熊本の山都ファームの概要（提供：(株)山都でしか）

ては、滞在時間が短い点が課題として明確になってきた。そこで、日帰りではなく滞在してもらうことで、山都町の魅力をより広く深く知ってもらうことをねらって農泊の推進に取り組んでいる。農泊は、例えば、地元料理を食べてもらったり、農機具の運転を体験してもらうなど、地元の人にとっては当たり前のことが、都市に住んでいる人にとっては貴重な体験となり、受け入れ側にとっても大きな負担を伴うものではないため取り組みやすくもある。

そこで、山都町役場のほか、町の商工会、観光協会、飲食業組合と山都でしかで構成される「山都農泊協議会」を２０１９年5月に設立し、有機農業の町である山都町の特徴を活かして、地域全体を「オーガニックライフを丸ごと体験できる町」としてブランディングを進めている。季節や農産物の旬、来訪者のニーズに合わせて柔軟に農産物を提供するとともに、町内に点在する古民家や空き家、廃校などを地域資源として整備し、地域の問題解決も行っていくことが目指されている。

２０１９年12月には農泊のモニターツアーなどを実施し、手応えを感じていたところで新型コロナウイルスが感染拡大し、現在、農泊事業は足踏みしている状態であるが、いつでも再開できる態勢は整えられている。

3 みさとの取り組み

次に、福祉の分野で同様に内なる力と地域外の力の絶妙なバランスのなかで活動している熊本県芦北町のＮＰＯ法人、みさとの取り組みを紹介したい。

介護保険事業から地域づくりへ

熊本県芦北町は、県の南部に位置し、不知火海に面する比較的温暖な海岸地域から標高900m前後の山々が連なる山間地域までを有する（図1）。万葉の時代から「葦分（あしきた）の国」として知られ、古くから九州南部への海・陸両路の重要な拠点で、近世には肥薩国境の要衝の地として、城下町、宿場、商い場、湯治場として栄え、県南の政治・経済・文化の中心として栄えた。しかし、1950年の3万7724人をピークに人口減少が続き、2022年10月現在1万4823人、高齢化率は46.4%であり、近年の県下の市町村別の人口減少率は常に上位で、山都町と同様に人口減少と高齢化が特に著しい町である。

みさとは、芦北町の山間地域に位置する大野地区を活動の拠点としている。医療や介護が街中のように行き届かない場所であるため、生まれ育ったふるさとへの恩返しという想いから、2001年に有限会社美里在宅支援事業所を設立、介護保険事業をスタートさせた。ところが、訪問看護やデイサービスの事業を軌道に乗せ、地域の中に入っていくと、山積する課題が見えてくるようになったという。介護が必要な人以外も含めて、そもそもその地域で暮らせなくなったら事業をスタートさせた意味がなくなってしまう。一方で、実はよく見ると丁寧に受け継がれてきた有形無形の財産など魅力的な資源や人々の暮らしが豊富にあることから、2009年にNPO法人みさとを設立し、介護保険事業の理念である「美しいふる里でいつ

図6 美里在宅支援事業所とNPO法人みさとの事業概要（提供：NPO法人みさと）

までも」を目指して、地域づくりを様々な人と取り組んでいくこととした。介護保険事業とNPO法人による両輪での活動を行っているところが大きな特徴であり（図6）、その活動を通して、地域をつくってきた高齢者の方々への感謝とともに、これからを生きる子どもたちから歓迎される暮らしを丁寧に紡いでいくことが目指された。

これまでの取り組み

・WARABITOプロジェクト

これまでのNPOの代表的な取り組みの一つが、WARABITOプロジェクトである（図7）。みさとの位置する大野地区から車で20分ほど山を下った地区に鎮座する佐敷（さしき）諏訪神社の例大祭は毎年4月に開催され、それに際して大野地区でとれたワラビの根からデンプンを取ってつくられたわらび餅を奉納するところから大祭がはじまる。600年以上続く伝統行事と言われている。その昔、佐敷諏訪神社が大野地区に建立されていたことから、大野地区の住民の手によってまだ芽がでていないワラビの根を山から掘り起こし、わらび粉にして、餅として奉納してきた。しかし、この作業は非常に重労働でかつ手間暇がかかるものである。山間に位置する大野地区は、芦北町の中でも特に人口減少と高齢化が進んでいる地域であり、わらび餅を奉納するという伝統行事の存続が危ぶまれていた。

そこで2018年、みさとのコーディネートにより芦北高校の生徒と地域が一緒になって、わらび餅をつくることとなった。4月の例大祭に向けて、その前年の11月からワラビの根の採取が始まり、それを石臼でつき、さらして沈殿したデンプンを取るという作業を高校

図7 WARABITOプロジェクト

生と住民が一緒になって行った。取れたわらび粉は、町内のお菓子屋さんの協力でわらび餅をつくって、無事に奉納することができた。

みさととしてこのような伝統行事に関わった理由として、伝統行事の継承が困難になりつつあったということもあるが、伝統行事に参加することで日頃からの地域のつながりづくりになっていることに気づいたからだという。また、高校生が関わることによって、地域の人たちが高校生に作業を教える側になり、大変だった作業が地域の人たちが生き生きと活躍する場になったのが印象的であったそうである。

・令和2年7月豪雨による被災

このような活動を続け、軌道に乗ってきたところで令和2年7月豪雨に見舞われ、介護保険事業のうち、デイサービスを行っていた建物が床上1m近く浸水するなど大きく被災した。芦北町全体で大きな被害が生じ、道路の不通区間が多く、山間地域の大野地区までは公的な支援は期待できなかった。幸い被災を免れたNPO法人の施設を拠点として、老人ホームと訪問介護の再開、デイサービス施設の復旧作業が行われた。介護保険事業は、高齢者の日々の生活に関わるものであり、災害が発生し被災したからといって止めることができない事業であり、被災後の動きは非常に早かった。

特徴的な動きとして、以前からつながりのあった地域外の水俣や福岡、京都のコミュニティに支援物資の提供を依頼し、それを拠点に集め、そこから道路が寸断されたことで孤立した集落に徒歩で支援物資が運ばれた。その際には、もっとも地元の被災状況の情報を持っている消防団と緊密に連携することで、必要なところへ必要な支援物資を運ぶことができたという。地域外とのネットワークと地域内での緊密なつながりの両方がうまく機能した見事な連携と言える。

4 内なる力と外部の力のバランスによる地域づくり

山都でしかとみさとの取り組みから、多くの特徴的な点を挙げることができるが、いずれも生業によりつながっている地域コミュニティをベースとしながら、地域内外にまたがるネットワークのなかで活動をしているという点で共通していた（図8）。

内なる力を支える地域内のつながり

山都でしかのメンバーの多くが専業農家であり、自治会をはじめ水利組合、集落営農組織、神社総代、消防団などのいわゆる地域コミュニティが暮らしや営農のベースにあり、さらに山都町内の農業者のネットワークでもある山都でしかで活動をしている。さらに山都でしかとしては、山都町内の商工会、観光協会、飲食業組合などの従来からある組織と連携しながら、有機農業協議会、山都農泊協議会などのいわばプロジェクトチームをつくり、様々な取り組みを行っている。みさとも同様で、NPOのメンバーは介護保険事業所の社員と同一であり、業務としての介護保険の仕事は地元の大野地区に密着しながら行われ、NPOとしての活動は芦北町全域から、隣接市町の事業者や団体、高校や中学校とも連携しながら行っており、まさに2足のわらじと言える。過疎地域においては、地域で構成される組織や団体の構成員は、同じような顔ぶれになることが多いが、だからこそ様々な組織の顔を使い分けながら、濃密な地域内のつながりの中でこそ活動することができていると言える。

地域内から外に及ぶネットワーク

それぞれのリーダや主な構成員の多くが進学や就職で一旦地域を離れてはいるが、30代前後でUターンして活動しているという点でも共通していた。この点は、これまでにも指摘されてきたことではあるが、地域の外を経験してきたUターン組が、地域外とのネットワーク形成のきっかけとなったり、地域によい影響を与えるなど、大きな役割を果たしているのは間違いない。例えば山都でしかであれば、有機野菜を通じたホテル日航熊本との連携であり、みさとであれば、水俣や京都などの地域外のコミュニティとのネットワークが以前からあったからこそ、災害時にそのネットワークが非常にうまく機能した。

このように地域内外にまたがるネットワークのなかで活動することは、今後の少人数社会を生き抜くためには欠かせないが、2つの取り組みで重要な点は、外とのネットワークを受け入れる内なる力が少人数でもしっかりとしているということであり、その内なる力は生業でつながっている地域コミュニティをベースとしているということである。内なる力と外部の力のバランスと連携が不可欠であり、それができる地域が少人数社会を生き抜くことができる地域と言えるだろう。

図8　地域内外にまたがるネットワークの概念図

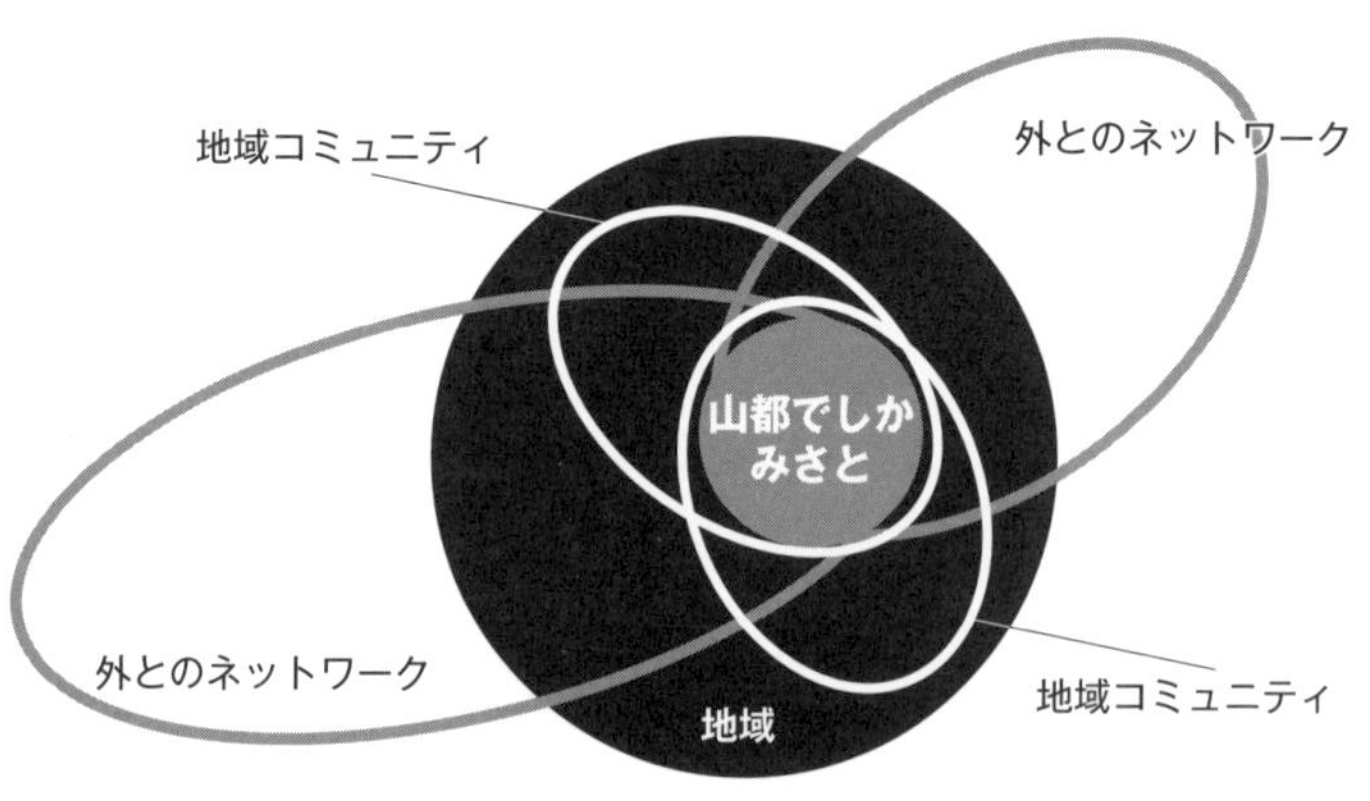

2章

空き家・空き地を継承する

2・1 地域内外の新しい担い手との「交流拠点」を育む

大分県竹田市　人口2万人

姫野由香

1　いつから住民なのか問題

東日本大震災をきっかけに加速した地方移住により、各地で「いつから住民なのか」問題を耳にすることが増えてきた。移住者は、何年経てば移住者ではなく住民と呼べるのか、呼ばれるのか。はたまたそれは期間によるのか、地域との関わりの深度によるのか、といった「問い」である。

例えば、ふるさと納税も、本来は居住地以外の地方を応援する新たな仕組みの提案でもあった。このような間接的な応援団もいれば、何度も地域を訪れ、住民と交流を深める旅行者もいる。さらには通いながら地域の政（まつりごと）を支える者もいるのだ。昨今は、新型コロナウィルス感染拡大の影響で、旅行者や移住者、地域のファン、住民の境目は一層曖昧になりつつある。加速したリモートワークの導入をきっかけに、広がりをみせつつあるワーケーションも、その現象を象徴する事例のひとつだ。観光機会の多様化として注目を集めてきたが、近頃では、人口減少に悩む受け入れ地域側の課題をも改善しようと、自治会活動や農作業などへの参加が、ワーケーションの体験型プログラムとして設けられることもある。

地域の政を支える人材こそ、地域住民であったはずだったのだが、地域活動への理解など諸課題はあるものの、ワーケーションとして一定期間滞在する旅行者さえも、地域を支える人材足りえる時代に突入しているのだ。

これらの人々をやんわりと括る「関係人口」という概念も登場して久しい。しかし、地域との関わりにおいて多様な段階にある人々が、ざっくりと一つに括られ、数といったボリュームで論じられてしまうと、それぞれが抱える課題や、段階に応じた支援策、地域での備えの有り方や、その必要性などが見逃されがちである。

少人数社会だからこそ、「人口」というボリュームではなく、人々の多様性に丁寧に向き合った方策の検討が必要なのではないだろうか。少人数社会が、外から人々を受け入れながら、その効果を最大限に発揮するためには、様々な段階にある人々と地域の間にある隙間を埋める備えを考えておかねばならない。そして何より、その段階性は、地域との「関わりの程度」である必要がある。

ここでは、このような様々な段階を「住み継ぎの段階性」とよび、多様な段階にある方々が相互の理解を深めたり、交流したりできる接点となっているいくつかの施設を紹介する。少人数社会の中で、次々と空き家が活用され、多様な段階にある人々が利用する交流拠点がどのようにして誕生しているのか、その経緯や要件を紐解いていきたい。

図1　古い街並みが残る大分県竹田市城下町地区

2　多様な段階にある人々の接点となる空き家

全国1位の地域おこし協力隊員数の城下町に起きた変化

ここで紹介する大分県竹田市は、２０１５〜２０１８年までの地域おこし協力隊員数が、最大62名と全国最多であった時期もあり、移住施策に積極的に取り組んできた地域だ（図2）。

特にＪＲ豊後竹田駅のある中心部は、周囲を山々に囲まれた旧岡藩４万石の城下町でもあり、当時の町割や古い街並みが残る（図1）。この囲繞型の城下町は、徒歩40分ほどでぐるりと周ることができるが、他の地方都市と同じく人口減少に悩む地域でもあり、空き家も多い。しかしこの数年で、小さな城下町のなかでは、Ｕターン者や地域おこし協力隊、またその経験者による空き家の活用例が複数見られるようになってきた。しかもその施設の多くが、冒頭で定義した、地域との様々な関わりの段階にある人々の「交流拠点」となっているのだ。本書では、このような特徴を持つ５つの施設に注目する。

５つの施設の概要は次の通りだ。

【施設1】旧保険会社の物件を再生利用した施設で、竹田市まちづくり会社の事務所の一角に設けられている。集会機能、移住相談機能があり、主に物件紹介など住まいに関する移住相談を受け付けている。運営者は地域おこし協力隊員である。

【施設2】旧化粧品店であった空き家を、竹田市内で起業していた地域おこし協力隊経験者

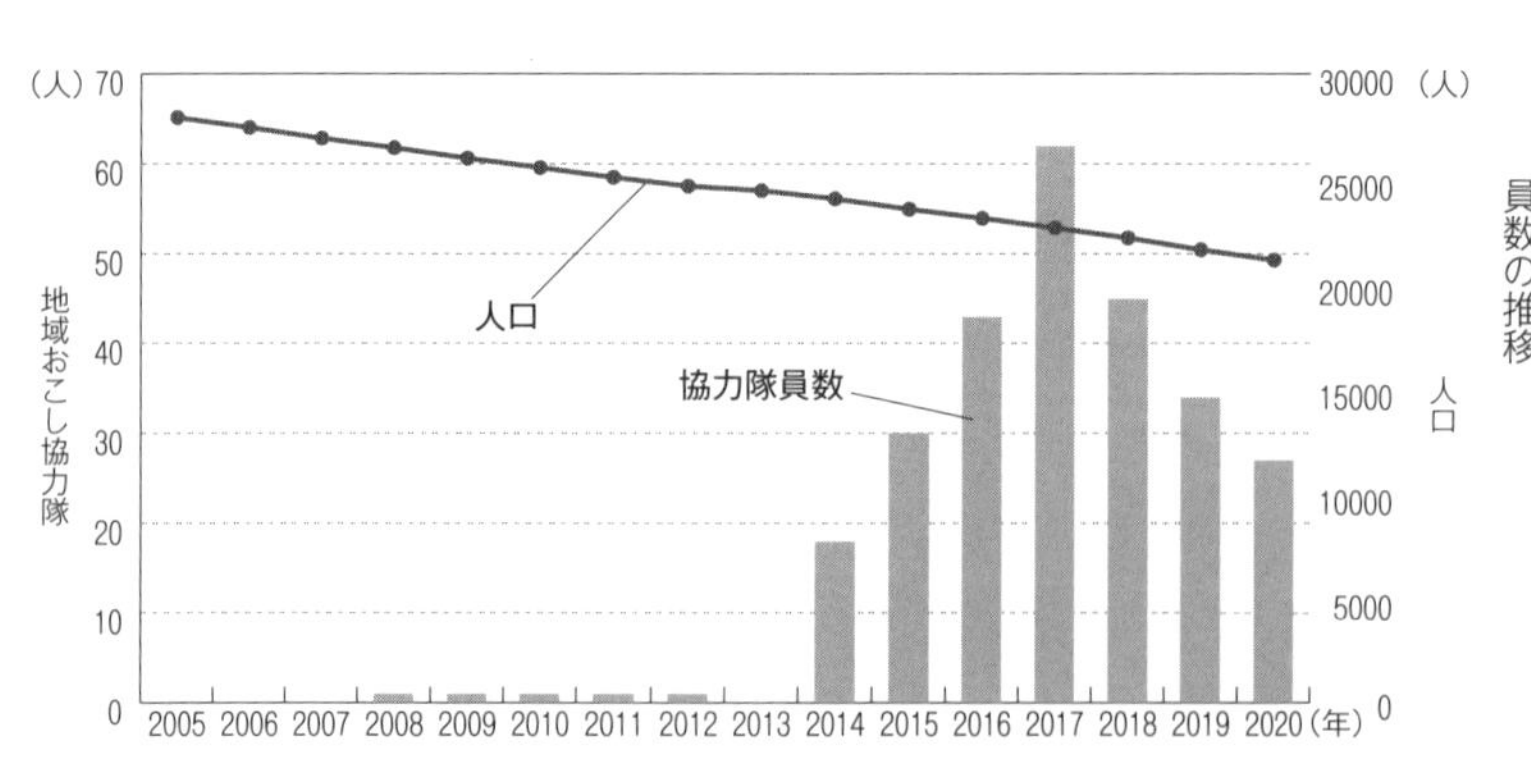

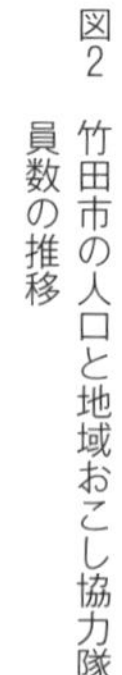
図2　竹田市の人口と地域おこし協力隊員数の推移

が購入し、飲食店と宿泊施設の2主体がテナントとして入居している施設である（図3）。空き家を利用した民間複合施設だ。

【施設3】 NPO法人により運営されており、世代を問わない地域福祉への貢献を目指して開設され、利用者は低料金で食事ができる（図4）。旧金物店であった空き店舗を改修した施設で、集会機能も併設しており、イベント時は利用者が料理をすることもできる。

【施設4】 1階は元地域おこし協力隊員が開設した飲食店であり、2階はお試し移住もできる宿泊施設である。現在1階と2階で運営者は異なる。元クリーニング店であった空き家を再生した施設である。

【施設5】 旧洋服販売店であった空き家を、行政が改修した施設で、主に移住相談所としての機能を果たしている。展示機能や集会機能が中心であったが、開設6年目の改修で、キッチンを併設した集会施設とし、利用者が飲食を通じて滞留したり交流したりできる機能を備えている。開設時から、運営者は代々地域おこし協力隊員である。

5つの交流拠点の主な利用者と機能

それぞれの施設の開設時期は、2015～2018年あたりと、地域おこし協力隊員の受け入れ数が全国1位となった時期と重なっている（表1）。特に特徴的なのは、5件中4つの施設が飲食機能を併設していることである。施設5にいたっては、2019年の改修時に、それまではなかった飲食機能をわざわざ追加して、リニューアルオープンしているのだ。

また図5からもわかるように、どの施設においても主な利用者は地域住民であり、そのほ

図3　飲食店と宿泊施設が入居する民間複合施設

図4　飲食店とお試し居住施設

とんどが飲食機能を利用するために訪れている。つまり、移住相談窓口や宿泊施設では、地域住民の利用はほとんど見られず、移住者向け、旅行者向けというように利用者が限定されがちなのだが、施設内に飲食機能があることで、利用者を限定しない多様な利用を実現していることがわかる。

一方で図5をよくみると、住民に加えて旅行者といった交流段階にある利用者が中心である施設や、お試し移住や二地域居住などの移住段階にある利用者が中心である施設など、利用者は施設ごとに様々であることもわかる。実はこの主な利用者の「多様性」により、竹田市では、すべての段階にある利用者が、5つの施設を通じて地縁組織に参加する住民や移住経験者と何かしら接する機会を得ている、というわけだ。

3｜交流拠点を開設するにあたってのポイント

拠点の立地と機能

どこの地域でも、空き家の活用における第一の難関は、地権者や所有者の合意ではないだろうか。特に少人数社会では、近隣への迷惑や評判を懸念して貸し渋りにあうこともある。さらには、飲食店など、開設したい施設の機能によっては、水回り設備や床面積といった建築的な制約もあり、所有者の合意や建築的な条件が先で、立地場所は二の次とされてきた。

一方で、図6をみると、交流拠点のほとんどが、駅から300m程度と徒歩5分以内の立

定住段階			移住段階			交流段階			
財産の継承	地縁組織役員	地縁組織参加	移住	お試し移住	二地域居住	定期旅行	交流	旅行	無関係
	施設1								
				施設2					
	施設3							施設3	
				施設4					
				施設5					

図5　5つの施設利用者の地域との関わりの段階性

地であり、スーパーやコミュニティセンターといった利用者が多い主要施設が建ち並ぶ「○○通り」と、名の付く道沿いに立地しているのだ。駅から徒歩10分ほどの離れた立地の施設5については、市立図書館に近いものの、リニューアルによって施設機能を追加するなど、工夫を施しながら利用の促進を図っていた。このように、交流拠点においては、立地が後の運営や支出に影響を与える重要な要素であることも、わかっていただけるのではないだろうか。

さらに、表1で示した各施設の機能をみてみると、相互に距離が近い施設1と施設2では、機能は重複していない。しかし、距離が200mを超える施設2と施設4、施設3と施設5の間では、集会機能や宿泊機能などの重複が確認できるなど、相互に意識して機能を決定している様子も見てとれる。

また、興味深いのは、施設の開設順と立地の関係である。駅から最も遠い施設5が、行政により最初に整備されると、元地域おこし協力隊員により、城下町の最も繁華性の高い中心部に施設4が開設されている。その後、より駅に近い施設1、2、3と順に開設されており、交流拠点の需要の高まりにつれ、駅からの距離が重要視されてきたこともわかる。

交流拠点の運営者や機能が利用者を誘導する

・地域住民や定住段階にある利用者が多い施設【施設1】【施設2】【施設3】【施設4】

利用者は若年層から高齢者まで幅広い。まちづくり会社の事務所でもある施設1では、住民や市職員なども集会機能を利用していた。施設2、施設4（図7）では、飲食や物販機能

表1　5つの施設の概要

	運営開始日	移住支援機能			交流機能				駅からの距離	運営主体	従前の用途
		飲食	物販	福祉	集会	宿泊	移住相談	展示			
施設1	2015年9月				○		○		約200m	行政	保険会社
施設2	2017年4月	○	○			○			約200m	民間	化粧品店
施設3	2018年10月	○		○	○				約300m	民間	金物店
施設4	2014年12月 ※ 2017年8月	○				※○			約400m	民間	洗濯屋
施設5	2013年5月 ※2019年6月	※○			○		○	○	約800m	行政	服屋

※施設4：2階部分の運営開始日／施設5：再改修後の運営再開日

を住民が日常的に利用しており、市内の農家や店舗からの仕入れ、施設利用者へ周辺の店舗を紹介することなどにより、協力関係を構築していた。

・移住段階の利用者が多い施設【施設1】【施設2】【施設4】【施設5】

施設1では、運営主体であるまちづくり会社が竹田市から業務委託をうけて、空き家調査や、希望者への物件の紹介を行っており、施設5も行政による開設の目的は移住者支援であった。一方で、施設2や施設4では、民間による運営でありながら、Uターン者や移住者が接客を担っており、偶発的な移住相談への対応をしていたり、来訪者の状況に応じた相談相手や施設の紹介がされていたりするなどの実態がある。つまり、「移住相談窓口」と行政が看板を掲げなくとも、接客業務に携わるものが移住経験者であれば、移住段階にある人にとっては相談窓口的な機能を提供していることがわかる。

・旅行者など交流段階にある利用者が多い施設【施設2】【施設3】【施設4】

交流段階にある利用者は、飲食や宿泊機能を通じて、当該施設の利用をしているのだが、同施設で不定期に開催されるイベントは、地域住民や旅行者の接点となっている。イベント参加者に限らず、イベントを企画・運営するにあたっては、地域住民を巻き込む工夫が垣間見える。つまり地域との様々な関わりの段階にある「多様な利用者」が滞在できる機能として、何らかの飲食機能が設けられており、「一部」の住み継ぎの段階にある利用者にとっては、福祉や移住相談など、より特化した機能や看板を掲げることが、わかりやすさにつながっているようだ。

1つの施設で、多様な段階にある利用者をすべて支えるのは容易ではない。特に民間が運

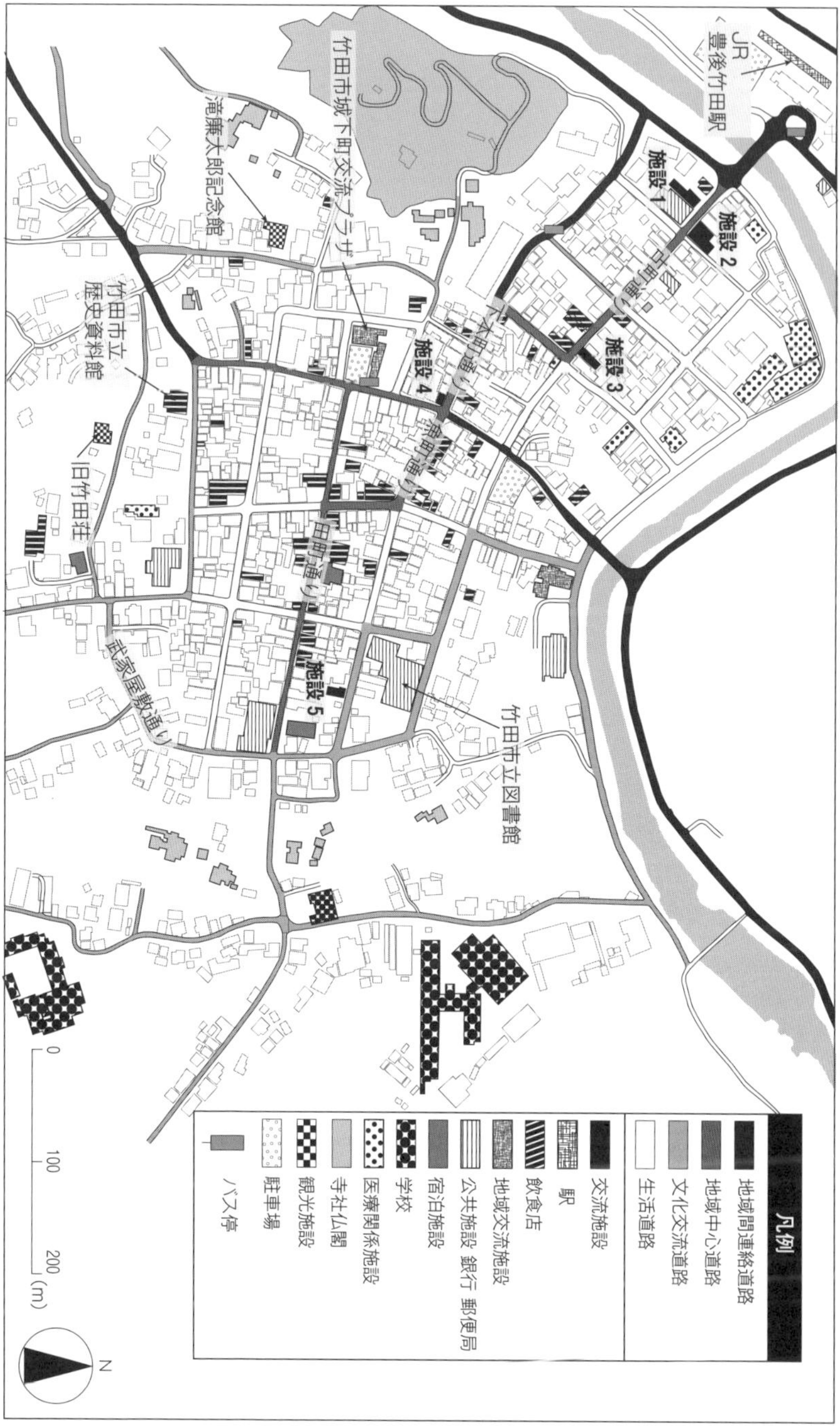

図6　竹田市城下町地区に立地する5つの施設と周辺環境

営する施設では採算性も重要視される。大切なのは、官民問わず、このような役割を相互に理解した施設が徒歩圏内に複数あることで、地域全体として、多様な段階にある利用者の受け皿となればよいのではないだろうか。

段階的な改修や段階的な利用者の拡大が鍵

5つの施設すべてで、段階的に改修がなされていたり、段階的に利用者の層を拡大していたりと、一度にすべてを揃えずに、徐々に改善を図っていることも共通していた。例えば、施設1の集合機能を持つ部分は、2022年現在、コ・ワーキングスペースとして運営されており、従来の利用者に加え、交流段階にある旅行者なども受け入れる施設となっている。また、開設当初は飲食提供の機能がなかった施設5でも、現在はキッチンを併設した集会機能があり、利用者が飲食を通じて滞留する機能を備えている。このように、開設当初はそれぞれ特定の段階にある利用者が中心であったが、多様な段階にある者が利用できる施設へと変化しつつある。また、その他の施設でも、2〜3回に分けて改修が行われており、初期投資を抑えて一部から利用をはじめ、徐々に利用者や利用面積を増やしている工夫も垣間見える。

空き家の改修段階（準備段階）から開業後の利用者が決まる

表2に示す施設開設の流れをみると、すべての段階の者に利用されていた施設2と施設4では、開設までに100〜200名ほどの協力者が確認でき、その関係者は住民や移住者か

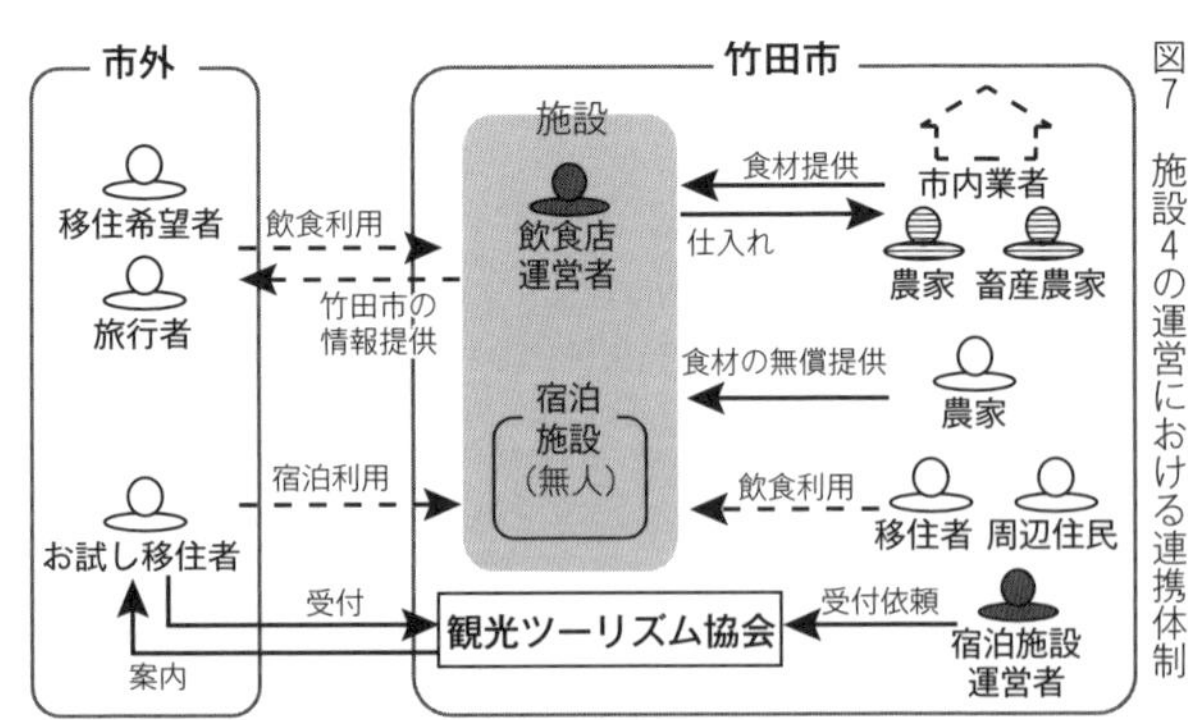

図7　施設4の運営における連携体制

ら旅行者まで多岐にわたる。資金が乏しかったことや、運営者が移住者であり知人が限定的であったことなど、理由は様々ではあるが、運営者は施設開設の準備段階から、クラウドファウンディングやSNS等による情報発信で、多様な協力者を得ている。これにより住民から旅行者まで多様な人々との関係構築が図られる結果となっていた。一方で、現在の主な施設利用者が一部の住み継ぎの段階にある施設1や施設3、施設5では、事業者に依頼した一般的な改修が行われていたり、運営者の交友関係者のみといった特定の段階にある数名程度が改修を手伝っていたりと、限定的な協力であった。

このように準備段階で得た協力関係が、その後の施設利用者の多様性にも影響をしており、改修時や準備段階から、利用者を想定した備えをしておくことも肝要であることが、5つの事例から理解いただけるのではないだろうか。

空き家の改修が次の担い手を育む

表2に示す施設開設の流れや人の関係をみると、地域おこし協力隊やその経験者が空き家を利用したり、これらの施設の改修を手伝った人や、施設の利用者が、後に移住者となったりと、次なる空き家の活用につながっている実態がみてとれる。

例えば、施設5が竹田市により開設されたことを契機にUターンしたA氏は、後に施設4の運営者となっている。また、施設3の運営者は、移住前に施設2を利用していたり、施設5の改修に協力をしていたりと、地域内に複数ある交流拠点の改修によって、運営者間のネットワークができ、新たな施設の開設にもつながっていると考えられる。

表2　交流拠点開設のプロセスと人々のつながり

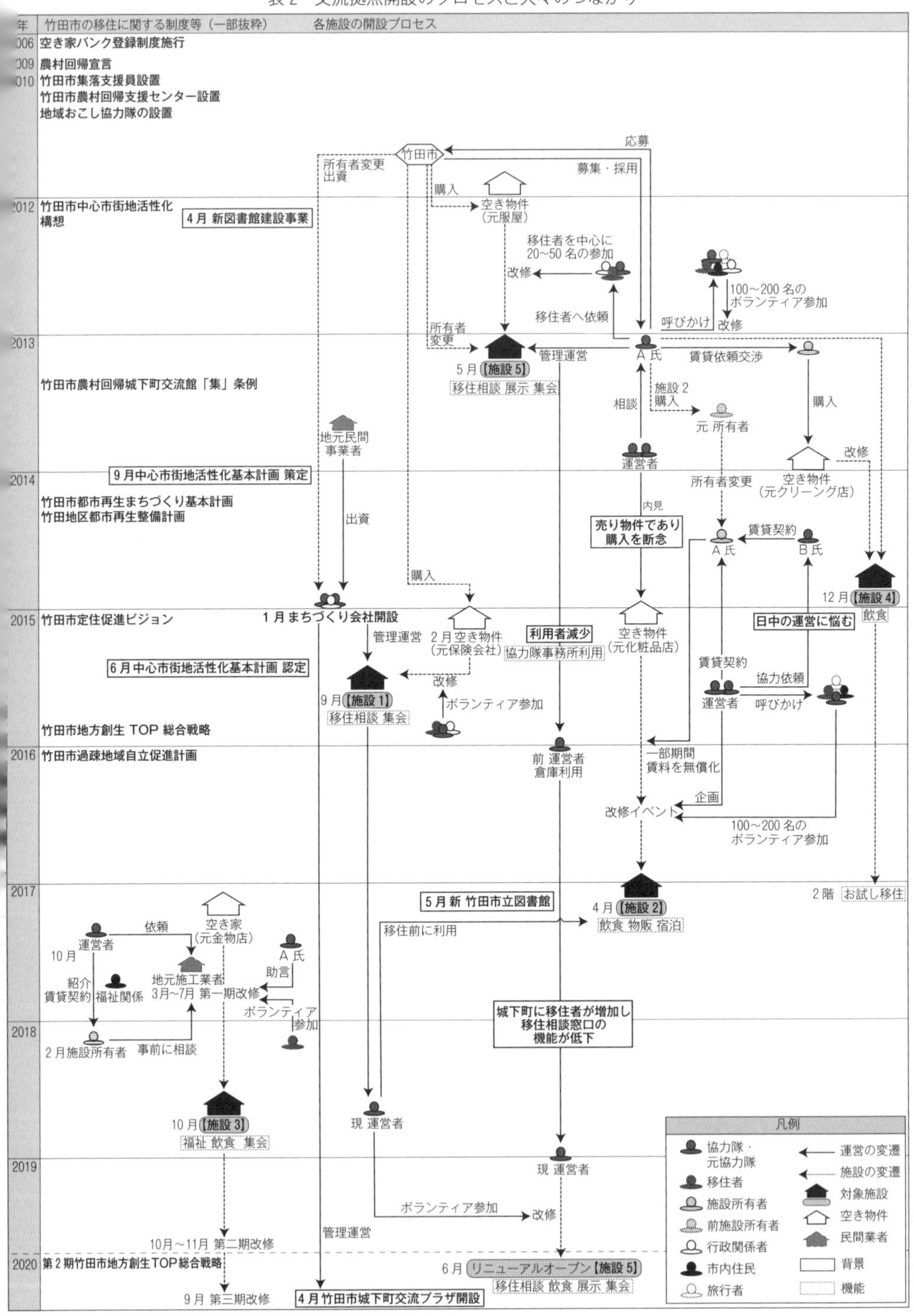

施設の運営者と利用者や利用者同士の接点：飲食機能とカウンター

すべての住み継ぎの段階の利用者が確認できる施設では、共通して飲食機能が設けられていることは先に述べた通りだが、もう一つ内装に共通項があった。それは、飲食スペースにカウンターが設けられていることである。移住者でもある運営者は、カウンターを介して地域内にあるその他の施設の紹介や利用者に地域を知ってもらうための積極的な交流を図っていた。運営者と利用者の会話の多くはカウンター越しに行われており、大切な設えの一つであることがわかる（図8）。

また、いずれの施設でも、宿泊以外の機能を支えるスペースには、特に間仕切りはなく一体的に利用されており、利用者間の間接的な接点にもなっているのではないかと考えられる。また、椅子席やソファ席など多様な利用者が滞在できる工夫も確認できた。

施設内の様子を外に伝える設え

できるだけ地域の中心的な道に面して立地している空き家が改修されていることは、先に述べた通りであるが、同様に、1階部分には大きな窓や入り口を設けたり、窓が小さな場合は暖簾や看板を出したりして、通りから施設内の様子がわかりやすい工夫がされている（図9）。さらに入り口付近には、集会機能や飲食機能といった、利用者が比較的長い時間滞在できる機能が配置されている点も共通していた。

図8　交流の要であるカウンターの例

4　様々な段階にある人々を受け入れる器としての交流拠点

大分県竹田市城下町地区にある5つの施設はいずれも、最初から「交流拠点」というよりも、移住相談や福祉に加え、起業といったそれぞれの目的のために開設された施設であった。しかし、その運営に移住経験者が関係することにより、住民を含む、多様な地域との関わりの段階にある人々を受け入れる施設となっていた。特に、少人数社会だからこそ、1つの施設ですべてを完結させない「役割分担」と、改修時から徐々に関係者や利用者を拡張したり、徐々に改修するなど、一度にすべてを実現しようとしない「段階性」が、大切であることがわかる。

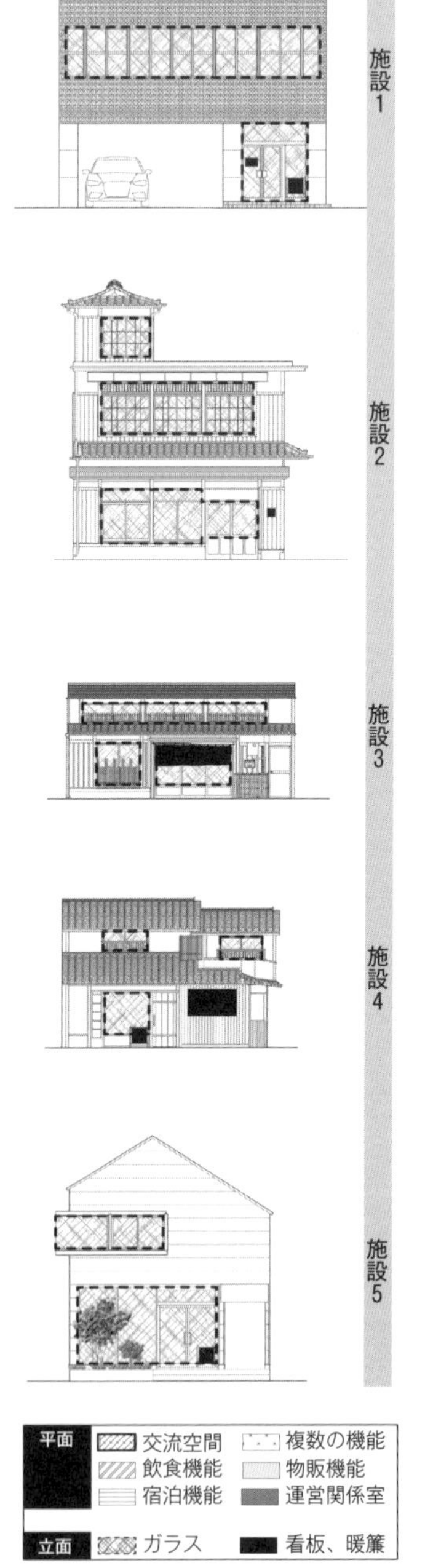

図9　5つの施設の建築ファサード　大きな開口部と看板や暖簾が特徴

その結果、官民を問わない主体によるさらなる空き家の活用や、多様な段階にある人々の交流拠点の開設を支え、少人数社会のなかに次なる担い手が登場しているのだ。つまり、複数の交流拠点を通じた縁が、これまでの地縁組織とは異なる形ではあるが、少人数社会のつながりを層状に支え、ひいては、空き家の活用といった地域空間の継承にも寄与しているのではないだろうか。

そして、いずれの施設も歩いて往来しやすい距離にあり、施設の改修時から運営者相互の関係が確認できるなど、立地選定や改修といった準備段階から、交流拠点の勝負は始まっていると言える。

2・2 空き家化する城下町の街並みを市民出資で再生する仕組み

兵庫県たつの市龍野地区

伝建地区人口759人

内平隆之

図1 龍野地区の街並み

1 人口減少にともなう街並みの空き家化

空き家の増加対策として※1、全国で空き家バンクを開設し、空き家と活用者をマッチングする取り組みが全国的に展開してきた。しかしながら、所有者の理想を実現するために、物件を取得し改修するまでに、数千万円単位のイニシャルコストをかける事例も多く見受けられる。結果的に、予算的・人材的資源の制約から、単体の空き家再生に止まり、街並み全体の価値を高めるに至らない場合もある。

この解決方法として、所有する空き家物件の補修や修繕等の所有者責任を契約上、放棄または免責することで、固定資産税程度の格安で次世代に物件を貸し出し、多数の空き家を活用していこうとする試みもある。この場合、次世代の資金的余力不足もあり、DIYによる最低限の改修となる場合が多く見受けられる。この結果、物件の経年劣化にともなう手入れや補修にあてる資金を確保する余地に乏しい。最終的に物件への適切な再投資が行われないまま放置され、劣化も進み、エリア価値が高まりにくいという悪循環が生まれる。つまり、街並みの改修・修繕費の多寡に関わらず、街並みの物件投資と次世代活用のしやすさのバランスを、だれがどのようにとっていくかが、空き家群を活かした街並み再生の課題と言える。

以上のような問題意識から、本稿では、兵庫県たつの市にある龍野城の城下町を中心に空き家を経営するまちづくり不動産会社の事例を分析し、近隣地区において、次世代による空き家の活用と街並み再生の好循環を生み出す仕組みづくりの意義を示す。事例地区は龍野城の城下町を基盤に、醤油醸造の一大産地として近世から近代にかけて発展した歴史的風致を形成する地区である（図1）。その中心となる「たつの市龍野伝統的建造物群保存地区」（以降、龍野伝建地区）の人口は、この20年間で１１９９名から７５９名に減少しており（表1）、街並みの空き家化が進み、２０２１年1月時点の龍野伝建地区の空き家は52軒、周辺を含む龍野地区全体で１４９軒ある※2。その地域的背景には、醤油産業の近代化と出荷量の減少等があげられる。城下町内での醤油蔵は1軒を残すのみである※3。

このような街並み継承の課題を抱えるなか、２０１５年、同地区に特化した市民出資の不動産会社が生まれた。同社は、地区内98軒の空き家の活用に関与している。その内訳は、サブリース物件29軒、サブリース住居11軒、契約時関与物件23軒、駐車場2軒、相談中33軒である（図3）。つまり、複数棟の空き家を活用した賃貸益で街並みへの再投資を実現し、空き家の増加の抑制に一定の効果を上げていると言える。同地区は、１９９０年に兵庫県の歴史的景観形成地区に指定されたが、国の重要伝統的建造物群保存地区の指定を受けるか否か、長らく議論されてきた。２０１９年12月に、龍野城下町の一部である龍野伝建地区は、国の重要伝統的建造物群保存地区に選定されている。

※1：総務省「平成30年度住宅・土地統計調査」https://www.stat.go.jp/data/jyutaku/index.html（２０２１年3月31日閲覧）

※2：たつの市「龍野地区まちづくりビジョン」https://www.city.tatsuno.lg.jp/machimiraisozo/machizukurivision.html（２０２２年7月20日閲覧）

※3：薄口醤油発祥の地として知られ、主要な製造地域であるたつの市内では、大正・昭和の時代には醸造蔵１００件を超えていたが、２０２０年度現在は9件のみとなっている。近年まで、旧城下町内には、カネゐ醤油と末廣醤油2件を残していたが、カネゐ醤油が廃業し、製造部門が末廣醤油に事業譲渡されたため、２０２２年7月現在、城下町内での醤油蔵は1件を残すのみである。

そこで、本稿では、まちづくり会社の新しい仕組みとして、市民出資による不動産会社による次世代支援の仕組みを示し、その意義と課題を述べる。

2 発展の契機としての不動産会社「緑葉社」の次世代継業と市民出資化

緑葉社の創業

町割の8割以上が江戸期から続き、江戸時代から昭和初期にかけて建てられた伝統的建造物が良好に残る龍野地区の佇まいを活かし、龍野の風土・風習・文化を継承したまちの活性化に取り組むため「緑葉社」は２００６年に設立された。城下町の空き家活用に特化した不動産会社である。「緑葉社」という会社名は、龍野町の商家の青年たちが設立した文化団体の名称に由来している。この団体は１９２１年に設立され昭和初期に消えたが、郷土にゆたかな文化を育てることを目的とし、こどものための無料衛生相談、無料歯科診療、社会講座や音楽の講演のほか、龍野町会に議員を送り込むなど、多彩な活動を展開していた。町家の保存のみならず、活用をはかる会社の設立にあたり、先人の郷土への想いを尊重し、後世に繋いでいくことを考えた創業者が社名とした[※4]。

緑葉社の設立以降、地域外出身者である2代目代表が２０１５年に継業[※5]するまでの仲介・売買実績は9年間で20軒程度あった。継業までの実績として、カフェ「朔」（図2）やランチハウス「さばと」といった、地域住民からも評価される店舗誘致にも成功した実績があ

表1　龍野伝建地区の人口と世帯数の推移

年次	人口	世帯数
2000年	1,199	439
2005年	1,001	412
2010年	934	392
2015年	860	377
2020年	759	341

龍野伝建地区指定エリア＝門の外、上霞城、大手、立町、本町、上川原、下川原、川原の町丁目の国勢調査の数値の合計

る。この9年間の取り組みの中で獲得した、広域で古民家物件を扱う不動産会社との連携関係や、重要事項説明書や契約書作成のノウハウ、所有者との関係性等を創業者から、継業者が引き継ぎ拡大することになる。2代目代表は、継業前の緑葉社の活動について、「外から来た店でも営業が成立する実績ができたこと、特に平日でも京阪神ナンバーの車が停まっている超人気店ができたことが、町屋を活用する地域内外の関心を高め、店舗誘致の一点突破になった」と実績を強調している。

※4：緑葉社HP「緑葉社について」https://ryokuyosha.co.jp/about（2022年7月20日閲覧）

※5：継業（けいぎょう）とは、地域に移住してきた第三者に事業を承継することを指す。

地域外出身者への次世代継業

継業者である2代目代表は、たつの市に隣接する相生市の出身であり、地元和太鼓団体のメンバーとして活動を始めた。この和太鼓団体の縁で地域活動に関わったことがきっかけとなり、2002年にライトアップなどのイベント企画の活動を開始し、その活動拠点となる龍野藝術工房伊勢屋の運営に参加した。龍野藝術工房伊勢屋は龍野地区にある旧味噌蔵の大空間を活用した芸術家村である。そこで実施するイベントなどの地域活動に取り組み、街並みを活かしたまちづくり活動の実績を積む。この経験に基づきNPO法人ひとまちあーとを2007年に設立。副理事長として参画。龍野城で結婚式をあげる「城ウェディング」などのコミュニティビジネスを実現してきた。2014年にこのNPOの代表を譲られた際に会社員を辞め、街並み継承を生業にすることを決意する。その際に旧味噌蔵を拠点とする集客イベント型の非営利まちづくり活動に限界を感じ、龍野地区の外縁部にある三軒長屋の一軒に拠点を移し、チャレンジショップによる起業支援を始めた。この取り組みの中で手応

図2　カフェ「朔」

えを感じ、起業支援にむけた町家の活用を目指したが、不動産の知識がなかったため物件押さえに失敗し、街並みで店舗誘致する最初のチャンスを失ったため、不動産会社の設立を目指した。

設立に向けて地域の有力者から出資金を集める際に、緑葉社の創業者から、「すごい話やし、（会社員を辞めて）退路を断った上でやっているから評価はするんやけど、そもそも、わし、まちづくりを目的とする不動産屋をやっているって言わんかったっけ？　出資云々というか、俺の会社あげるわ」という話になり継業することになった。元々緑葉社の出資者に説明にいくと、「きみみたいな若者が町づくりを兼ねてやるなんて、わしらは全力で応援するわ。なんなら増資にも応じるよ」と強く応援された。次世代として街並みを活かしたまちづくり活動を続けてきた実績と、サラリーマンを辞めて退路を断った挑戦が評価され、２代目への緑葉社の継業が決まる。

図３　龍野伝建地区のエリアと空き家活用建物の分布
（出典：国土地理院ウェブサイト（https://www.gsi.go.jp/kiban/）より作成）

緑葉社の市民出資化

継業に際して、会社のあり方を見直している。もともと緑葉社の出資金の33％を創業者がもっていたが、地域から安心して物件を預けることができるように、オーナー会社ではなく、小口の株主となる地域住民が支える市民出資の会社に変更している。2代目代表は創業者と相談し、新たに加えるべき地域有力者を選び、無償で株式譲渡を進めた。無償譲渡に際して、緑葉社の月1回、ないしは隔週1回のミーティングへの参加を依頼する。これにより、株の譲渡を通じて、継業者となる次世代に対して地域からの支援関係を強化している。

具体的には、不動産に近しいまちづくり活動をしていて、次世代支援を託せるだろうという地域で活躍している現役世代に譲渡し、さらに自治会関係者等にも増資を行い、650万円から880万円の出資金の会社とした。譲渡先は広域で古民家物件を扱う不動産会社の社長、不動産営業マン、地元で有力なカフェのオーナーなどである。これにより、古民家を扱う不動産の契約書のつくり方、重要事項説明書の説明方法、査定書の作成方法など、より具体的な技術を教わっている。不動産営業担当者からは営業のイロハ、特に押し引きのタイミングを教わる。カフェオーナーは、広告塔として、緑葉社の人材ネットワークの構築を助けていくことになる。元々の出資者のうち2名は物件のオーナーになるなど、緑葉社のまちづくり会社の取り組みを支え続けている。つまり、創業者の地域ビジネスの人間関係を含めて、次世代支援ができる仕組みに変えて継業したことが、その後の発展の一つのポイントになる。

難物件整理に局地特化

敷地境界を確定し不動産の流動性を高めることが空き家活用にとっては必要であるが、不動産会社が城下町の物件仕入れのときに苦労するのが壁や軒の関係などを含めた境界確認である。場合によっては、口約束で土地を交換していて、登記上は元のままなど、難物件が多い傾向にある。これには最短で半年、概ね1年ぐらいかかる日々の業務になる。物件の売買価格は２００～５００万円であり、法律が変わって、４００万円以下の場合、18万円の調査費をとっていいということになったが、手数料では儲からないというジレンマもある。このような難物件の権利整理に局地特化した点が、営利を目的とする他社が模倣しにくい点となっている。

3 市民出資化による空き町家活用

まちづくり不動産会社の重要な役割として、外から来た人たちをスクリーニングして、信用仲介をする役割がある。外から町のマナーと違うマナーを持っている人が入ったときに、いざこざが起きることがある。実際に何件かそういうトラブルがあったそうである。そのようなミスマッチが起きてしまったときに、「出ていって もらえる仕組みをつくるというのが我々の責務」であるとしている。しかし、売買価格1千万円の物件販売後に、「出ていって」と言うのはハードルが高い話にな

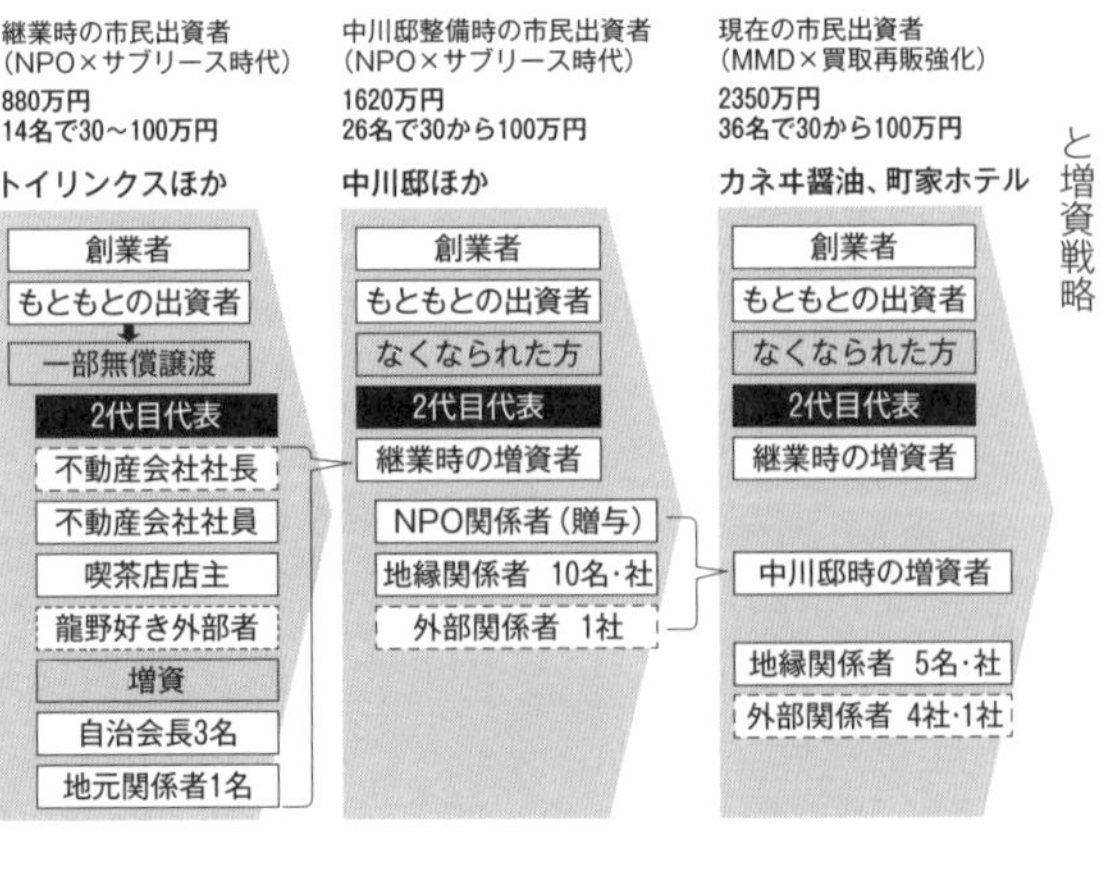

図4 市民出資のまちづくり不動産会社の成長と増資戦略

る。この課題に対して、基本的には賃貸やサブリースで入ってもらう仕組みを構築している。

10年サブリースで3年ごとに活用と物件整備のあり方を流動的に見直し、段階的に街並みへの投資を進めていく仕組みで当初から取り組みを進めてきた。サブリースにすることで、空き家の借り手がなかった場合のリスクはあるが、物件を所有する投資家からも安く借り上げることができるためである。具体的な初期の活用例を以下に紹介するとともに、各事業の増資戦略を図4に示す。

お母さんの秘密基地「Toilinks」

Toilinks（トイリンクス）は、1934年に建てられ空き家となっていた三軒長屋である（図5）。NPO法人ひとまちあーとの活動拠点として2013年に改修された。元々の活動拠点であった芸術工房伊勢谷は修繕費が高額で、その管理で手一杯になった経験があり、単体の空き家活用の限界を感じていた。そのため、城下町の縁辺部にある維持管理が手頃な三軒長屋を改修して活動拠点を移した。改修費は同NPOが負担し、改修は可能な限りDIYで実施している。

開設当初は、同NPO団体の事務所とし、まちづくりの相談窓口として運営していた。その後、コワーキングスペースを開設してからは、「お母さんの秘密基地」として活用している。場所を貸し出すだけでなく、空き物件への出店希望者に対して、長屋の一部を貸し出すチャレンジショップも実施している。カフェ出店希望者がチャレンジショップにおいて飲食店の営業ができるようにするため、クラウドファンディングにて資金を調達し、キッチン設

図5　旧Toilinks

備を改修するなど、活用実績に応じた段階的な整備を進めている。現在、同ＮＰＯ事務所を後述する旧カネ廾醤油に移転し、新たな借主を探している。

多世代交流拠点「旧中川邸」

旧中川邸は、大正時代から女医が二代続いた「旧中川医院（旧中川邸）」を、子育て支援・多世代交流の場として改修した施設である（図6）。事業所内に託児所を複数企業で運営したいという市内の企業から相談を受けたことをきっかけとして設立した「はりまのこ」という保育事業を実施する一般社団法人が施設の運営をしている。以前の建物所有者から、投資物件として他の所有者が取得し店舗転貸している。「はりまのこ」は、保育事業の開設・運営の他、カフェ運営や企業向けセミナーを実施している。旧中川邸は「はりまのこ」の本部であり、子育て支援の場として、乳幼児向けのキッズスペースや授乳室などが設けられているほか、「はりまのこ」の職員がカフェを運営している。子育て中の親が気軽に訪れることができるとともに、多世代が集まる施設として機能している。開設当初は、ＮＰＯ法人ひとまちあーとが「はりまのこ」とともに、カフェの運営をしていたが、現在は「はりまのこ」だけでカフェの運営をしている。旧中川邸は、敷地が２００坪、建築面積が１２０坪という大きな物件であり、改修については2期にわけて実施された。第1期は、門扉・玄関・屋根棟の外装を中心とした工事、第2期は、１階の交流空間・キッチン設備を中心とした工事をしている。

図6　旧中川邸

市民出資による空き町家活用の限界と対応

このようなサブリースでの複数の町家の活用の実績を地区内であげる中で、市民出資の増資も進んでいる。創業当時の出資は10名650万円であったが、継業後に市民出資化するなかで、880万円に増資した際に、地元自治会長など3名に増資してもらっている。さらに、先述した中川邸の利活用に際して人員増強のために、1620万円に増資した際に、地縁関係者10名と外部関係者1社を加えている。現在、さらなる人員増強のために、2350万円に増資した際に、地縁関係者5名と外部関係者4名・1社が増資している。地元自治会長をはじめとする地縁関係者の増資を通じた手厚い次世代支援により街並み活用が成長したと言える。

このような増資を通じた取り組みの発展を見せるなかで、近年、龍野地区においては、醤油蔵の継業や町家ホテルなど、取得金額と整備費用が数千万円を超える物件利活用の課題にも取り組み始めている。その中で、株主の上限数による出資限界と、小口の株主による経営責任の分散は、金融機関からの融資を受けにくくなるため、複数物件整備を並行して進めるための資金繰りが課題となった。その解決のために、街並みを引き継ぐことに関心が高い投資家への買取再販する事業に特化した会社を立ち上げた。それが株式会社ムカシミライディベロップメント（略称ＭＭＤ）である。この会社と役割を補完し合うことで、市民出資によるまちづくり不動産会社の市民出資の限界に対処している。これに関連して、当初のサブリースによる10年間の所有者への家賃保証はオーバーリスクであり、短期譲渡可能で、より短

図7　kurasu 148kawaracho

い期間で仲介手数料が発生する6年間でのサブリースモデルに転換を進めている。具体的な両者による関与事例としては、龍野城下の重要伝統的建造物群保存地区に、築100年以上の町屋を改修したホテル「kurasu 148kawaracho」（2021年開業、図7）などがあげられる。kurasuは、龍野城下町全域をホテルに見立て、4LDKでベッド6台ある町家を一棟貸切スタイルで利用できる素泊まり宿で地域の暮らしを壊さないよう、オーバーツーリズムにならない観光をめざしている。

「カネヰ醤油」の継業支援

この新たな仕組みは、城下町に残る後継者がいない老舗醤油蔵の継業にも結びついている。カネヰ醤油は龍野藩脇坂家の「ゐ蔵」を譲り受け、1869（明治2）年に創業した老舗である（図8）。龍野城下の龍野地区で醤油醸造を続けているのは1879年創業の末廣醤油と2社のみだった。後継者不在だったカネヰ醤油は廃業を視野に検討を進める中で、末廣醤油に事業継承を打診。2017年、営業権の譲渡で両者の話し合いがまとまり、将来は末廣醤油の工場に製造ラインを集約する方針となった。そのため、合同会社を立ち上げ、醤油蔵など淡口醤油発祥のまちを象徴する歴史的建造物の保存および城下町内の発酵文化の継承が目指された。末廣醤油が雇用を引き継いで職人らがカネヰブランドの製造を継続し、商品を販売している。跡地活用に当たっては、発酵食品を提供するレストランやセレクト店、醤油づくりの体験ができる設備や、芸術文化イベントに活用する多目的空間などを設けることを計画し整備を進めている。計画の策定にあたっては、令和3年度文化芸術振興費補助金・

図8　カネヰ醤油

文化観光拠点施設を中核とした地域における計画策定事業として取り組まれた。現在は、カネ弌醤油の大規模な空間を活かし、Toilinksにあった NPO法人ひとまちあーとの事務所機能と緑葉社の不動産機能を同地に集約し、まちづくり会社の拠点としている。

4　少人数社会における街並みを引き継ぐための仕組み

複数の空き家となった町家を利活用した街並みのマネジメントを実現するためには、少人数社会における担い手の発掘と活躍、街並みに手入れをするための持続的な改修費用の調達が不可欠である。市民出資のまちづくり不動産会社の効果として、市民出資者の人選次第で、出資を通じた街並みのキーパーソンの参画と支援が期待できること、出資者のメンバー次第で次世代への信用やノウハウの獲得がはかれること、局地特化することで登記等に課題を抱える難物件への対応がしやすくなること、サブリースにより一定期間複数物件を管理するスケールメリットが生まれることがあげられる。以上の相乗効果で街並みに段階的に再投資ができる新たな仕組みが生まれたと整理できる。しかしながら、長期サブリースでは、オーバーリスクの問題に加えて、整備費用や取得費用の限界がある。この解決のために、買取再販に特化した会社を立ち上げることで、サブリース機能と買取再販機能を分化し、資金繰りを強化することで、町家を複数経営する、新たな仕組みづくりも始まっている。

本事例では、継業した不動産会社を市民出資によるまちづくり不動産会社に変更し、買取再販会社と組み合わせることで、営利（不動産開発・買取再販）と非営利（まちづくり・サブリース）の中間で複数の町家を経営する新しい仕組みづくりに挑戦していると言える（図9）。その結果、非営利における町家の活用調整機能と、営利的な町家所有調整機能との中継ぎをする町家経営調整機能が組み込まれている。所有の調整機能としては、所有者から買い取り、街並み継承に共感する内部の資産家や、外部の投資家に再販する機能がある。活用調整機能としては、内部者か外部者かを問わずにフラットに活用者同士が交流できる機会を提供し、町家の借主の取り組みがうまくいくように、非営利活動として支援する機能もある。最後に経営調整機能においては、不動産会社への市民出資という形により、外部の優秀な人材を町家の経営に段階的に取り込むとともに、地域の自治会長などの地縁有力者もバランス良く取り込んでいる。このような町家の経営・所有・活用の役割の分離と、内なる力の市民出資による信用蓄積を通じて、次世代のまちづくりを担う空き家への入居者の確保と、地域社会からの増資や物件委託によるまちづくりの取り組みへの集中的な信用移転につながり、さらに良好な物件の情報紹介という非営利な応援を地元出資者周辺からも受けやすくなる好循環が生まれたと言える。これにより、活用の流動化によるヒトの循環、運営の流動化によるカネの循環、所有の流動化によるモノの循環が生まれている。しかしながら、流動化は効用を流出させる諸刃の剣でもある。3つの流動化により地域空間を野生化※7させつつ、その効用を地域にとどめる機能が必要となる。市民出資の仕組みは、野生化の効用を地域にとどめ循環させるための、ブリコラージュ（寄せ集めてつくる）の役割と、内外のバランスをとることで地域の信用も担保するボランチ（舵取り）の役割を担っていると理解できる。

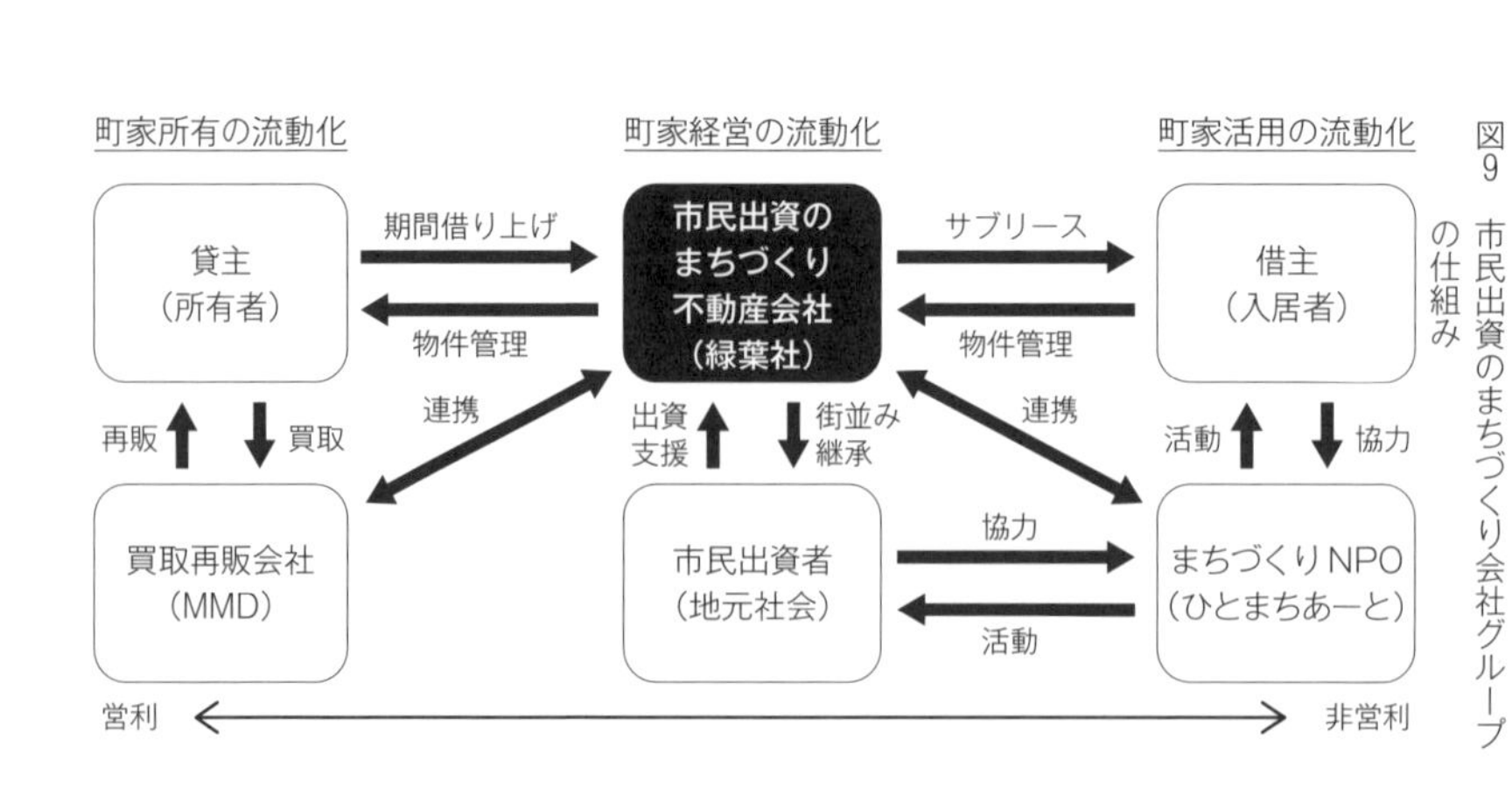

図9　市民出資のまちづくり会社グループの仕組み

今後、これまでの少子高齢成熟社会から、少子高齢多死社会に変化していくことが予測される。これにともなう社会の少人数化により、発生する多数の空き家群の経営を実現するためには、資金力と経営能力を持ち、地域から信用される人材が必要不可欠である。しかしながら、資金力がある人が、経営能力を持っているわけではなく、経営能力が優れている人でも、資金力を持ってない場合もありえる。さらに、資金力か経営能力を持っていても地域からの信用がなければ良好な状態の物件取得を続けることは難しい。

本事例が示す活用と所有と経営の調整機能を分離して各機能に特化した担い手を確保していく方法は、地域に残る人脈・ノウハウ・信用といった見えざる内なる力を退蔵させずに野生化し再循環させることで、多様な関わりしろを提供することに優れており、外部人材の資金力や町家経営のノウハウを含めて、バランス良く町家群の経営資源として取り込むことに成功している。この市民出資の仕組みに、少人数社会における街並み再生のヒントがあるのかもしれない。

※7：野生化の対義語は、飼育化・育成化・栽培化・家畜化である。ここでは、行政や所有者に役立つように管理され、関わり方が固定化された地域空間の状態をリセットして、多様な関わり方ができるように解き放つことを意味している。

参考文献

・内平隆之「9章 街並み継承と人材パイプライン」中塚雅也・山浦陽一編著『地域人材を育てる方法』農山漁村文化協会、2022

・安枝英俊「空き家を交流施設として活用するまちづくり活動団体と不動産事業者の連携手法――龍野城下町を対象として」『平成30年度不動産流通経営協会研究助成報告書』2019

・クロード・レヴィ＝ストロース、大橋保夫訳『野生の思考』みすず書房、1976

・清水洋『野生化するイノベーション――日本経済「失われた20年」を超える』新潮選書、2020

・内田樹・岡田斗司夫FREEex『評価と贈与の経済学』（株）のぞみ、2013

2・3

23人の集落とNPOの連携による耕作放棄地の利活用

埼玉県秩父市

千鹿谷集落人口23人

竹内ひとみ
山崎義人

埼玉県西部に位置する秩父市は山々に囲まれた自然環境を有し、祭りをはじめとした数々の伝統文化を育んできた。秩父市内でも北部に位置する吉田地区の「勢龍（せいりゅう）祭り」は、2018年に国重要無形民俗文化財に指定されている※1。千鹿谷集落はこの吉田地区の西部に位置している（図1）。明治17年（1884年）秩父事件※2の際には、千鹿谷鉱泉において秩父困民党の会議が行われるなど歴史の根付いた土地である。2015年度国勢調査によると、集落の世帯数は12戸、人口は23人である。

集落の存続を危惧した住民たちによって、2011年に住民組織「千鹿谷郷ひなた村」（以下「ひなた村」と略す）が結成された。持続可能な集落づくりを目標としてかかげ、集落と周辺地域に点在する耕作放棄地（図2）を再活用し、農作物の生産や製品の開発を通した地域のPR活動をしている。活動には集落内居住者だけでなく他地域居住者も参加しており、外部との協力関係も築きながら地域づくりに取り組む動きが見みられる。

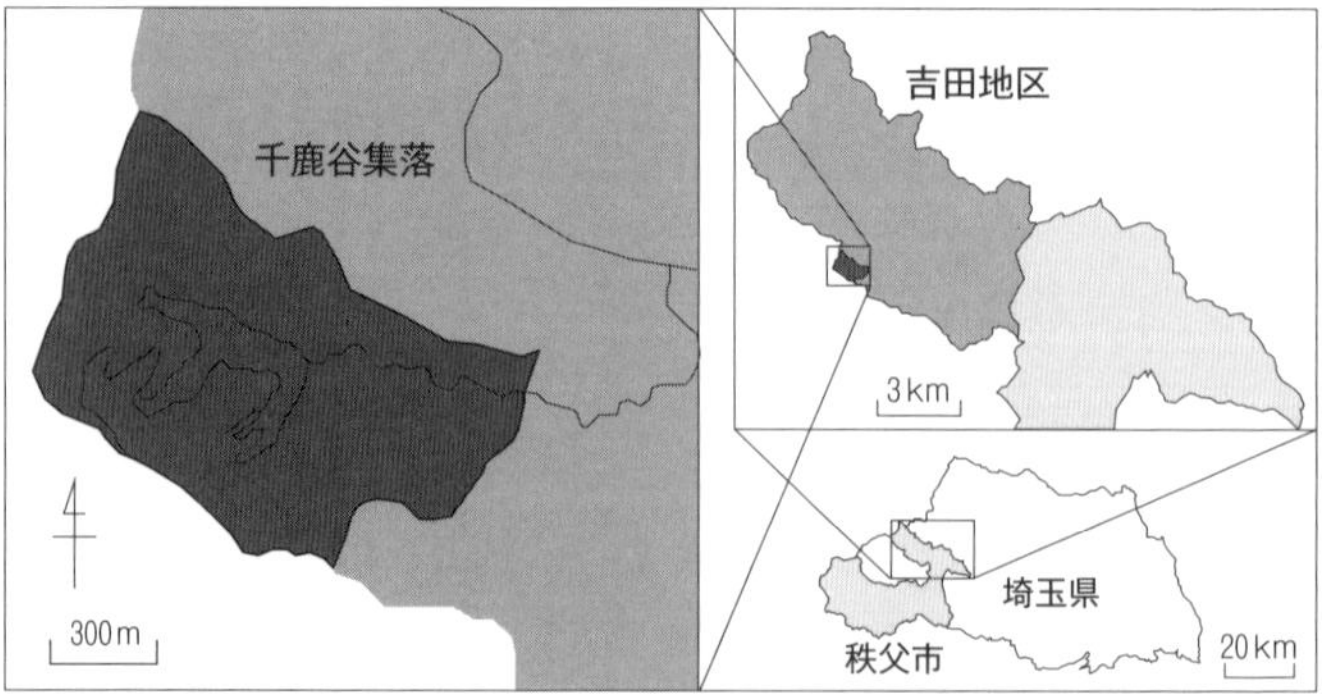

千鹿谷集落
300m
吉田地区
3km
埼玉県
秩父市
20km

図1　千鹿谷集落の位置

1　千鹿谷郷ひなた村

他のNPOと連携する住民組織「千鹿谷郷ひなた村」

2011年、「ひなた村」は人口減少と高齢化による千鹿谷集落の消滅を危惧した住民によって、集落住民全員の賛同のもと発足した。しかし、益々加速する集落人口の減少に伴い、徐々に組織運営が困難になる。そこで、2015年から「NPO秩父百年の森」（以下、「NPO秩父」と略す）と協力関係を持つようになる。

「NPO秩父」は、主な事業に「森林整備活動」「交流活動」「環境教育支援活動」「地域活性化支援活動」を掲げている。「ひなた村」の活動はこのうちの「地域活性化支援活動」の一部に編入されている（図3）。農作業に必要な備品の共用や、「NPO秩父」の会員の中から千鹿谷集落や「ひなた村」の活動に興味を持った者に作業に加わってもらっている。「NPO秩父」にとっては事業拡大の面で利点があり、「ひなた村」にとっては人員や備品の調達、また知名度の上昇などにおいて利点がある。このように、「ひなた村」はNPO協力型組織であると言える。また、その他にも埼玉県川口市を拠点とする「NPO志民アシストネットワーク」（以下「NPO志民」と略す）とも連携し、生産物を卸している。

※1：吉田勢龍保存会「吉田龍勢保存会」https://www.ryusei.biz

※2：悪徳金貸や政府の悪政を批判し、貧民の救済を訴えておこした農民蜂起。（一般社団法人秩父観光協会「秩父事件――秩父観光協会」http://www.chichibuji.gr.jp）

図2　山椒畑として活用される耕作放棄地

「ひなた村」の構成員と活動の目的

「ひなた村」の全会員数は29名のうち12名が集落内居住者であり、17名が他地域（深谷市、さいたま市、川口市、戸田市、小鹿野町など）に居住しながら活動に参加している。集落居住者12名のうち実際に活動に参加しているのは6名ほどである（ほかの方は高齢で参加が困難である）。他地域居住者の17名のうち6名が「NPO秩父」の会員でもある（図4）。

事業活動を通して、「若者の移住に適した環境をつくり、持続可能な集落づくりに変革すること。農産物および地域特産物の生育を通して、森林・里山の荒廃を防止すること。人々が快適に暮らせるための医療用薬品の開発などに寄与するとともに、地域の高齢者に対して生き甲斐を与えること」としている。

耕作放棄地で山椒の栽培と柚子の活用

「ひなた村」は計6カ所、約4700㎡の耕作放棄地を管理し、そのうちの5カ所の農地で山椒の生育に取り組んでいる。農地は、千鹿谷集落に1カ所（秩父市千鹿谷①）、小鹿野町飯田に1カ所（小鹿野町飯田②）、小鹿野町長留に1カ所（小鹿野町長留③）、秩父市荒川地区上田野に2カ所（秩父市上田野⑤⑥）あり、行政区分を超えて点在している（図5）。なお残りの1カ所は小鹿野町長留④であり耕作はまだ行われていない。

収穫した山椒から佃煮やちりめん山椒の試作を行い、製品化を目指している（図6）。山椒は店で販売するほどの収穫量がまだないためネット販売を利用している。また集落内外にお

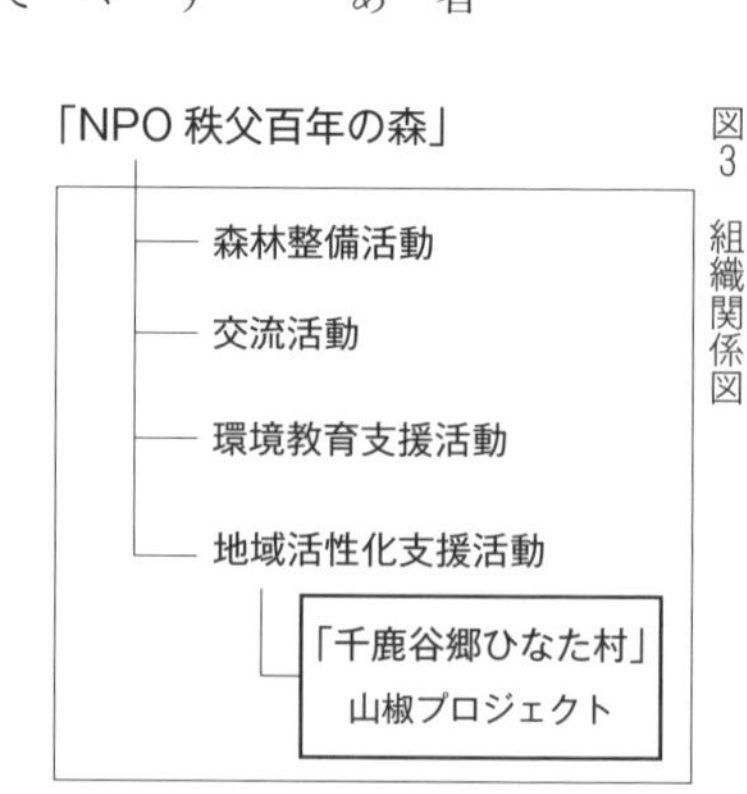

図3 組織関係図

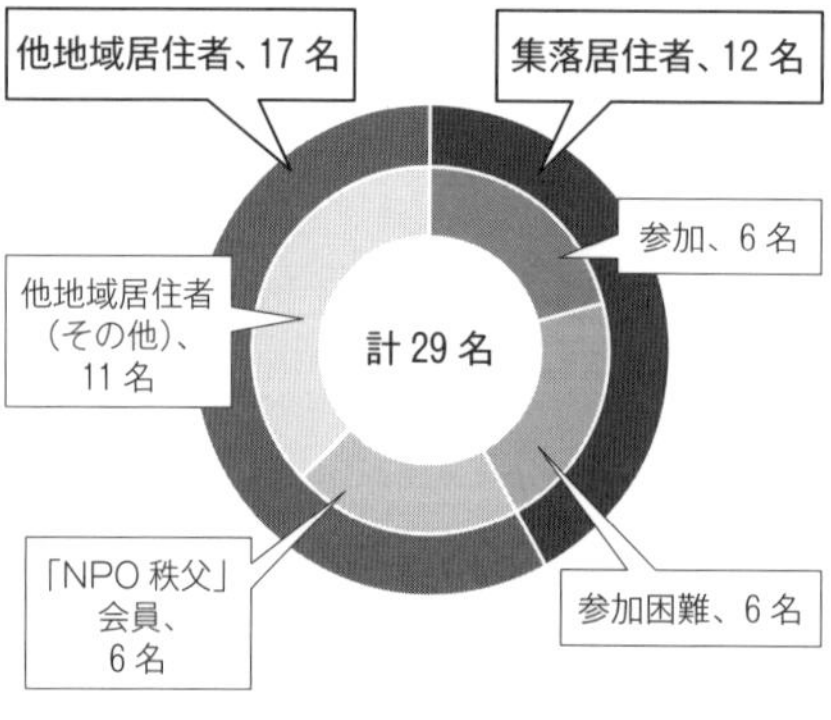

集落居住者、12 名
参加、6 名
参加困難、6 名
他地域居住者、17 名
他地域居住者（その他）、11 名
「NPO 秩父」会員、6 名
計 29 名

図4 「ひなた村」の構成員

いて、個人が所有する敷地内や農地内に植栽されている柚子（ゆず）を収穫し、製品化に挑戦している。未加工の柚子は「NPO志民」などの連携もあり県南に卸しているが、加工したものは試作段階であるため販売は行っていない。製品の試作も兼ねて山椒と柚子の料理イベントを開催し、外部との交流の場も設けている（図7）。

内藤（2004）によると山椒栽培の魅力として、「①高収益栽培が可能であること、②遊休地が利用できること、③高齢者や婦人の労力の活用ができること、④鳥獣害の心配が少ないこと、⑤性質がわかればどこでも誰でも栽培できること」を挙げている※3。これらは千鹿谷集落やその周辺地域の環境や、「ひなた村」の運営状況に適した条件である。また柚子の製品化を進める理由として、集落内外に元々あった資源であり、未収穫・放置が目立っていたため活用を検討した。

キーパーソンの存在

「ひなた村」には、4名のキーパーソンが存在する。

1人目は「NPO秩父」の理事長を務めているS氏であ

※3：内藤一夫『サンショウ 新特産シリーズ』農山漁村文化協会、2004

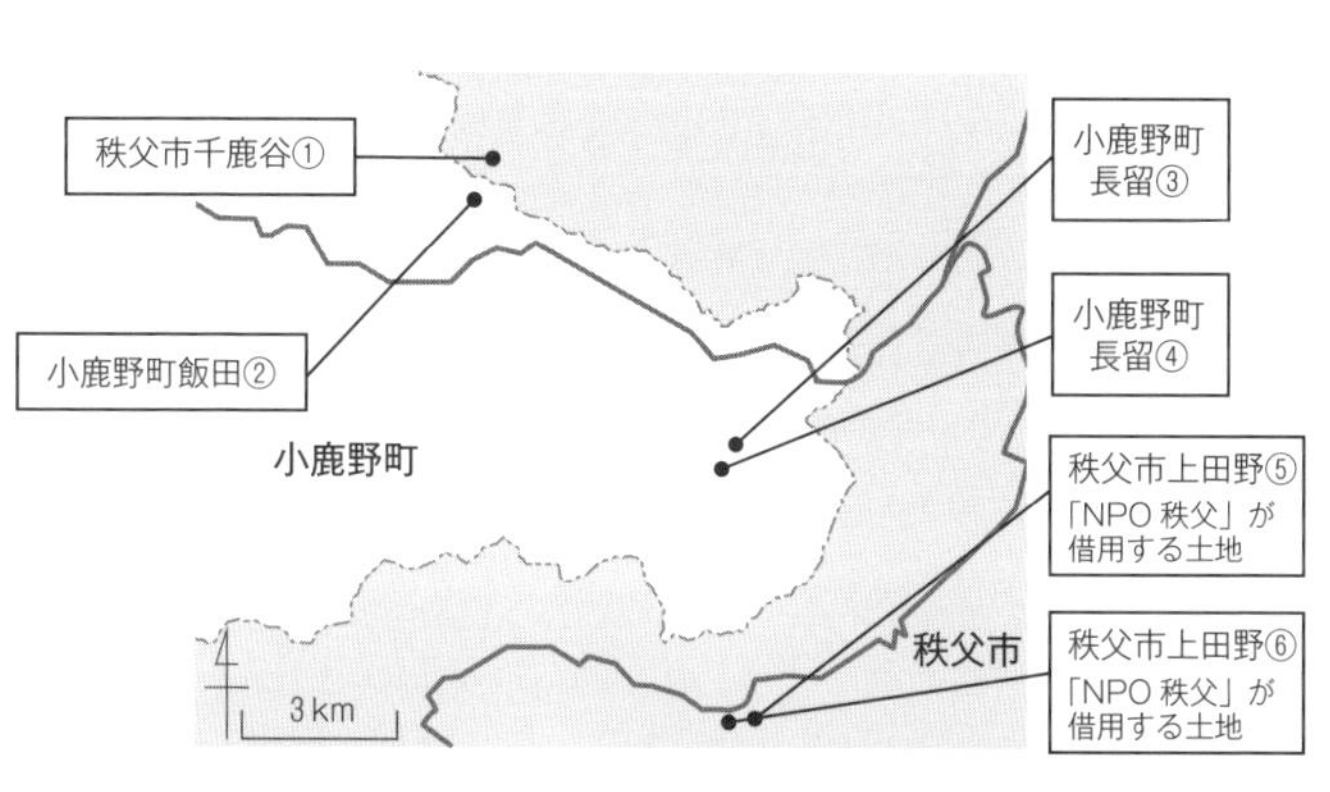

図5　農地の位置図

図6　山椒の若芽佃煮試作会

図7　柚子の果汁絞り体験

る。2人目のE氏は、千鹿谷集落の区長と「NPO秩父」の会員を兼任している。S氏とE氏は地元の仲間として古くからの付き合いがあり、2人が相談したことで「ひなた村」と「NPO秩父」の連携が実現した。3人目のR氏は深谷市に居住している。定年後、「NPO秩父」に入会したR氏は、E氏から千鹿谷集落で何か活動をしてみないかと相談され、かねてから興味のあった山椒づくりを提案した。4人目のH氏は千鹿谷集落の南に位置する小鹿野町の「地域おこし協力隊」を務めており、「NPO秩父」の会員でもある。

2018年頃までは集落住民が積極的に活動に顔を出していたという。2019年頃からは集落住民の高齢化もあり、日ごろの農作業を担う「ひなた村」の実働部隊は、数名の集落住民とR氏、H氏になっている。しかし、組織の方針決めなどは長であるE氏に必ず相談するなど、集落の人々に配慮している。

2 農地の変容

土地所有者へのヒアリング調査

土地の所有者4名（K氏、A氏、T氏、NPO秩父）にヒアリング調査を行った（2020年9月実施）。耕作放棄地の位置、放棄期間、貸借開始時期、貸す理由、利点、放棄前の農作物、「ひなた村」の活動への参加、貸借の契約方法、土地の管理意向などについて聞き取りをした。K氏から借りている土地は、千鹿谷集落内に所在している。A氏、T氏、NPO秩父か

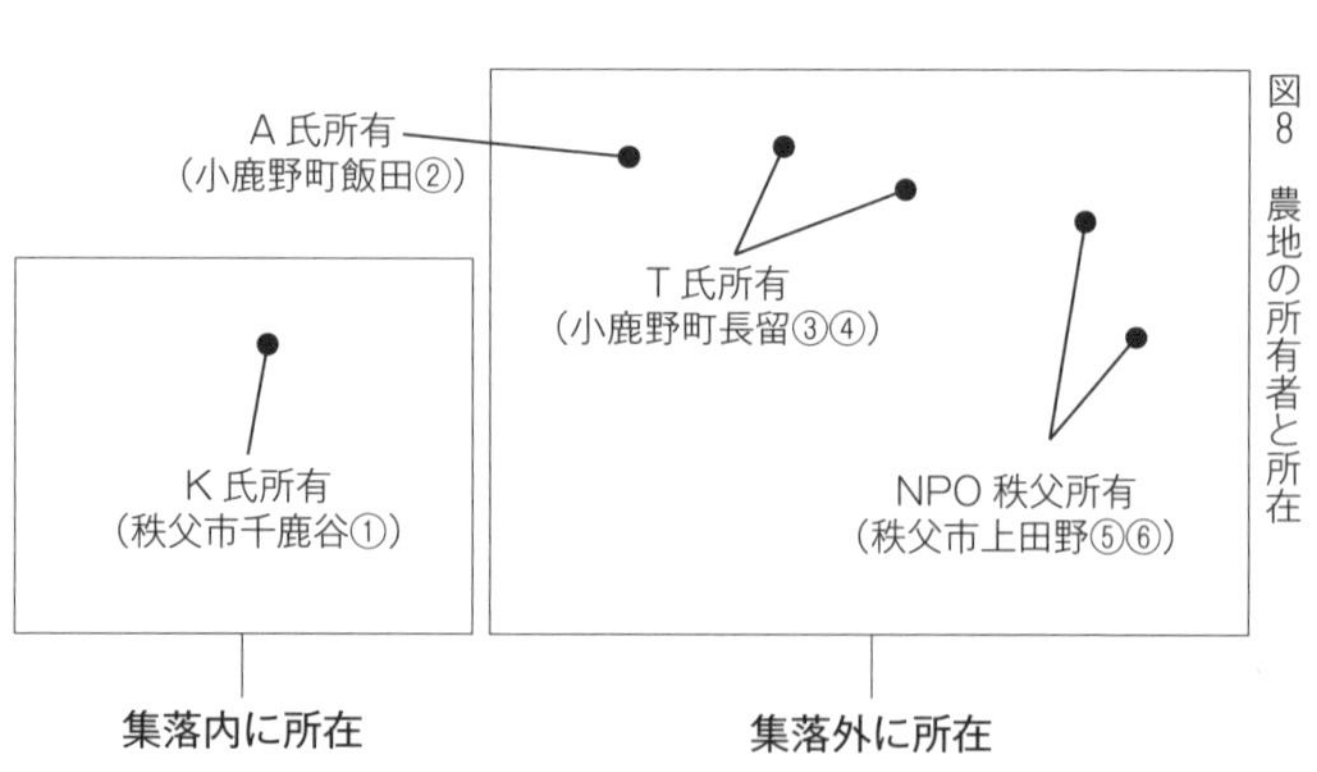

図8　農地の所有者と所在

ら借りている土地は、集落外に位置している（図8）。草刈りをせずに農地を放棄することは害獣や害虫の住みかとなるだけでなく、景観の悪化や近隣トラブルにもつながりかねない。土地の貸借は金銭を伴わず無償でされているが、すべての土地所有者が、「ひなた村」が管理することで草刈りの手間が省けることを利点として挙げていた。以上のことから、「ひなた村」と土地所有者は互恵関係にあることがわかった。

農地の経年変化

続いて、5カ所の農地について耕作が放棄される以前から現在までの経年変化を時系列に整理する。2015年から①⑤⑥の農地で耕作が開始された。2017年には初めて山椒の若芽が収穫できた（図9）。2018年からは新たに②③で耕作を開始した。苗の調達方法も変化している。2015年当初は購入した苗を植栽していたが、2016年からR氏が、深谷市で育てた苗を植栽するようになり、2018年からは深谷市の苗と秩父市上田野⑥の苗を併用するようになった。このことにより、苗の確保が非常に容易になり、生産拡大に影響を与えていると考えられる。収穫量は2017年の1.3kgから2019年には10.4kgへと年々増加している。2019年には新たに山椒の実が収穫でき、調理方法の幅が広がった。

3 事業の広がりと効果

活動内容の経年変化を表1にまとめた。まず2015年に「NPO秩父」と連携を始めた

図9　山椒収穫の様子

表1　活動内容の経年変化

<table>
<tr><th colspan="2">年</th><th>参加者数</th><th>活動拠点</th><th>活動内容</th></tr>
<tr><td colspan="2">2011年</td><td></td><td></td><td>野菜や香料の販売</td></tr>
<tr><td colspan="2">2012年</td><td></td><td></td><td>野菜や香料の販売</td></tr>
<tr><td colspan="2">2013年</td><td></td><td></td><td>野菜や香料の販売</td></tr>
<tr><td colspan="2">2014年</td><td></td><td></td><td>野菜や香料の販売</td></tr>
<tr><td rowspan="3">2015年</td><td>5月</td><td></td><td></td><td>「NPO秩父」と連携開始、
山椒の生育を開始</td></tr>
<tr><td>6月</td><td>10</td><td>集会所</td><td>活動計画説明会</td></tr>
<tr><td>11月</td><td>19</td><td>集会所</td><td>NPO 2団体との交流会、植栽</td></tr>
<tr><td rowspan="3">2016年</td><td>3月</td><td>22</td><td>集会所</td><td>すいせん祭り
お祝い、活動状況の紹介、懇親会</td></tr>
<tr><td>4月</td><td>21</td><td>集会所</td><td>イラン国林野庁職員管理能力強化研修、山椒の管理の説明、地元料理の提供、意見交換会</td></tr>
<tr><td>12月</td><td>29</td><td>集落周辺、集会所</td><td>都市交流ツアー
山椒畑の見学、柚子果汁絞り体験</td></tr>
<tr><td rowspan="2">2017年</td><td>3月</td><td>25</td><td>集会所</td><td>すいせん祭り
お祝い、活動状況の紹介、懇親会</td></tr>
<tr><td>4月</td><td>7</td><td>集会所</td><td>山椒の若芽収穫、佃煮試作会
柚子の製品化計画が開始</td></tr>
<tr><td rowspan="3">2018年</td><td>3月</td><td>5</td><td>集会所</td><td>連絡会
29年度活動まとめ
30年度計画の打ち合わせ</td></tr>
<tr><td>4月</td><td>24</td><td>小鹿野町
みどりの村若者交流センター</td><td>山椒の若芽佃煮試作会</td></tr>
<tr><td>11月</td><td>27</td><td>小鹿野町
みどりの村若者交流センター</td><td>柚子の果汁絞り体験</td></tr>
<tr><td rowspan="5">2019年</td><td>3月</td><td>6</td><td>小鹿野町飲食店</td><td>連絡会
30年度活動まとめ
31年度計画の打ち合わせ</td></tr>
<tr><td>4月</td><td>28</td><td>小鹿野町
みどりの村若者交流センター</td><td>山椒の若芽佃煮試作会</td></tr>
<tr><td>7月</td><td>22</td><td>影森公民館</td><td>ちりめん山椒づくり</td></tr>
<tr><td>11月</td><td>15</td><td>影森公民館</td><td>柚子の試作会
柚子果汁、ジャム、わた煮、
種を利用した化粧水づくり</td></tr>
<tr><td>12月</td><td>8</td><td>集会所</td><td>柚子果汁わた煮の会</td></tr>
<tr><td>2020年</td><td>3月</td><td></td><td></td><td>会報発行開始</td></tr>
</table>

ことが1つ目の転換期である。実績と知名度のある組織の協力があり、山椒のプロジェクトを始めることができた。

２つ目の転換期は、２０１７年に山椒の若芽を収穫できたことである。生産物ができたことで、それをもとにイベントを開催することができた。またその収穫が毎年行えたため、恒例行事としてイベント開催を継続できた。さらに２０１７年からは、柚子の製品化を計画し始めた。柚子を収穫しそのまま出荷するだけでなく、山椒と同じく加工作業を行うためのイベントを開催している（図10）。

このように山椒の生産と活用だけでなく、柚子の活用も行うことでイベントの実施回数も増え、結果的に活動の幅が広がった。イベントの開催やそれに伴うＳＮＳ等を通した活動の広報から「ひなた村」の雰囲気や活動内容を外部にＰＲすることができ、このことも会員数の増加に影響を与えている要因の一つである。

生産物（柚子、山椒の若芽、山椒の実）を確保し、生産物をもとにイベントを開催し、イベントに参加した人（他地域居住者）やその知人が協力者（会員）として活動に加わり、協力者が増えたことで作業効率が高まり、新たな農地に進出でき、さらに収穫量が増えるというような好循環が生まれている（図11）。

このように「ひなた村」が組織として活動することで農地を複数確保でき、生産地として利用する5カ所の農地は集落を跨ぎ互いに連動しあいながら生産機能を向上させてきた。人口減少や高齢化が進行する集落において空間の荒廃が深刻化している今日、彼らの活動は耕作放棄問題の改善に貢献しており、土地所有者の負担軽減にもな

図10　柚子収穫の様子

集落に関わる人材の確保
耕作放棄問題の改善
千鹿谷郷ひなた村
イベントの開催
生産物の収穫
農地が連動
秩父市上田野⑤⑥
小鹿野町長留③
秩父市千鹿谷①
小鹿野町飯田②
新たな農地を耕作
協力者・会員の増加
千鹿谷集落

図11　耕作放棄地の活用による好循環の仕組み

っている。また活動に参加する人々は楽しさとやりがいを見出している。彼らの活動は、集落だけでなく周辺地域にも「ひなた村」を中心とした人的ネットワークを広げる効果をもたらしている。

4　「住む」以外の継承の方法

集落の持続性、すなわち集落を住み継いでいくためにはどのようなことが必要なのかということを考えた時に、やはり住居問題やインフラ問題について第一に考える必要があり、新規で移住者を望むこと　は、山深く町からの交通アクセスの悪い千鹿谷集落にとって非現実的である。このことを「ひなた村」の人々は承知している。承知の上で、人々が営み続けてきたことを次世代へ継承するために、持続的な集落づくりを目標にかかげた。人口減少に直面し、存続が危ぶまれる中でも、どうにか人々が居住していたという事実を「住まう」という手段ではなく「耕作する」というアプローチから残そうとしている。そして農地の管理を続け事業が拡大した先に、いつか集落の良さに気づいてくれた人に集落内または周辺地域に移住してもらうことも視野に入れているようだ。

5　組織の変化と今後への期待

2022年9月、筆者は調査でお世話になった「ひなた村」の方々を久しぶりに訪ねた。

山椒の育成は相変わらず続けられており、苗床、生産量ともに増加していた。

組織の運営体制については、「ＮＰＯ秩父」と今後の活動方針を相談した上で、連携を解除し、「ひなた村」は独立をすることとなった。また活動の内容は変わらないが、組織の名称を「小鹿野里山倶楽部」と変更し、主にＲ氏とＨ氏の２名が集落外の農地も活用しながら農作業を行っている。また活動はＨ氏が務めている「地域おこし協力隊」の活動の一部に加えられている。

Ｒ氏、Ｈ氏は現在もボランティアで活動を行っているが、見込まれる生産量によっては近い将来、収入を得られることを期待しているという。Ｒ氏、Ｈ氏は千鹿谷集落出身ではないが、千鹿谷の郷の風土や人々に惹かれ通い続けている。かつて「ひなた村」は「ＮＰＯ秩父」との連携があり、山椒や柚子の事業を始めることができた。現在は、組織の担い手は外部の人材となり、またＮＰＯからの独立・改名と徐々に運営体制が変化している。しかしながら、集落に持続的に関わる外部人材の確保に成功しており、千鹿谷集落内や周辺地域の耕作放棄地は活用され続けるであろう。

参考文献

・竹内ひとみ「集落ビジネスを通して活用される耕作放棄地の空間管理についての研究――埼玉県秩父市「千鹿谷郷ひなた村」の活動の経年変化から」東洋大学国際地域学科卒業論文、２０２０

3章 地域の伝統・教育・福祉を守る

3・1

地域社会の変化に寄り添いながら祭りを継承する

福岡県豊前市　人口2万4177人

岡田知子
柴田加奈子

日本各地には多様な伝統的民族芸能が人々によって継承されているが、人口減少、少子高齢化の中で後継者不足に課題を抱え、その継承が危ぶまれる組織・団体は少なくないと言われている。一方で、度重なる自然災害からの復興過程において、祭りが地域住民の心を一つにまとめ、祭りの場となる祭祀空間がいち早く再建されるなど、祭りや伝統民俗芸能が集落維持、地域自治の継承に寄与していると考えられる。筆者が居住する福岡県京築地域には2016年3月に国の重要無形民俗文化財に指定された「豊前神楽」が受け継がれており、祭りが地域で果たす役割について考えたい（図1、図2）。

1　地域社会が育んだ祭りの仕組み

豊前神楽について

豊前神楽は旧豊前の国（現在の福岡県北九州市の一部と田川・京築地域および大分県中津・宇佐地

図1　式神楽

図2　奉納神楽

域）で伝承されてきた伝統芸能である。神職によって演じられていた社家神楽が明治時代に廃止され、その後氏子へと伝授され現代に伝えられてきた。現在、京築地域には30神楽講が組織されており、各集落を廻り神楽を奉納している（図3）。

神楽は春や秋に行われる神幸という集落の祭りの際に主として集落神社の神楽舞台（拝殿）とその前の境内で奉納されるが、時には集落内の道路や御旅所の場合もある。京築地域では神楽舞台を有する集落神社が270棟以上あり、濃密に現存していることがわかる（図4）。集落の多くは100戸前後だが、50戸以下という小さな集落も少なくない。このような小規模な集落においてもそれぞれの集落神社に神楽舞台が存在し、維持管理され、毎年多くの神社で神楽が奉納されている。

そのなかでも特に豊前市は神楽奉納が盛んである。収穫を終えた10月頃の週末ともなると、あちらこちらの集落で競い合うように神楽が奉納されている。驚くべきことに神楽講の構成人員は子供

図4　神楽舞台分布図

図3　豊前神楽　神楽講分布図

から高齢者と年齢層が広く、20～30歳代を中心に活発に活動し、継承されている。後継者不足に課題を抱え、存続が危ぶまれている伝統的民俗芸能の組織・団体は少なくないなかで、この豊前市では何故、神楽が盛んに継承されているのか。その答えは神楽奉納の仕組みにあると考えている。

神楽奉納の仕組み

祭りの様子を見てみると、その前日または当日に宮司と宮総代当番座元（祭りの当番組、宮座ともいう）と神楽講による祭典が行われる。祭典が終わると必ず行われる儀式的な舞の「式神楽」が奉納され、囃子の音により祭りが始まったことが告げられ、集落の住民が神社に少しずつ集まってくる。1～2時間程度の式神楽が終わると「奉納神楽」が始まる。式神楽は神降ろしの神楽と呼ばれ、場を清め神様をお招きするための舞が中心であるだが、奉納神楽は「上げ神楽」とも呼ばれ、氏子のリクエストにより本人に代わって神様に神楽を奉納するものである。氏子自らが演目を選び奉納料（図5）を支払うという形式で、この形式を継承していることが「豊前神楽」の特徴の一つであると文化庁が解説している※1。

奉納料の受付は当番座元の住民もしくは神楽講が引き受け、受付が済むと半紙に演目と祈願した住民名が書かれ、舞台のしめ縄に掲示される（図6）。舞が終わると丸を付けたり半紙

神楽奉納料

一、式神楽　八〇、〇〇〇
一、神迎　三〇、〇〇〇
一、大蛇退治　三〇、〇〇〇
一、綱御先　二〇、〇〇〇
一、本地割　二〇、〇〇〇
一、四人剣　八、〇〇〇
一、乱御先　八、〇〇〇
一、三神　八、〇〇〇
一、盆　八、〇〇〇
一、剣　七、〇〇〇
一、二人手笹　七、〇〇〇
一、御先　五、〇〇〇
一、湯立　八〇、〇〇〇

令和元年　九月定
豊前岩戸神楽組合

図5　奉納料

図6　掲示された半紙

※1：国指定文化財等データベースより。https://kunishitei.bunka.go.jp/heritage/detail/302/0000969

※2：栗焼憲児「「豊前神楽」覚書」『求菩提資料館ジャーナル』

の端を切ることで演目が終わったことが告げられる。多くは五穀豊穣、無病息災、家内安全などを願って奉納されるが、出産や入学卒業、就職などのお祝い、還暦を祝って同級生数人で奉納するグループなど祈願も多様である。この奉納神楽が多く上がるほど、朝から夜中まで祭りが続き盛況であることを示している。

どれくらいの奉納神楽が上げられているのか。2019年に豊前市51集落を対象にした調査によると、10前後が多い（図7）。奉納数によってその日の奉納時間が決まることになり、かつては早朝から始めて夜を徹して奉納されることも珍しくなかったという※2。現在では社会情勢の変化により深夜12時を過ぎての奉納が敬遠されるようになり、奉納時間が短縮されたようだが、それでも12時間を超える集落は少なくない（図8）。

奉納料で見ると5～15万円を納めている集落が半数に及び、それ以上が3割を占める。式神楽の8万円を合わせると各集落は15～20万円未満を中心におおよそ10～30万円を神楽講に納めている。豊前市では6団体の神楽講が活動し、それぞれ各集落で奉納しているが、15集落で奉納した神楽講もあり、奉納料は大きな収入源になっている。神楽講にとっては、奉納料により神楽の舞方、囃子方の伝承、神楽講の維持（面、衣装道具など）のための費用を捻出することができ、神楽を継承していくための貴重な仕組みと言える。

2 地域社会における神楽奉納の意味

奉納神楽という形式は、住民自らが演目に対して奉納料を納めることが祭りに主体的に関

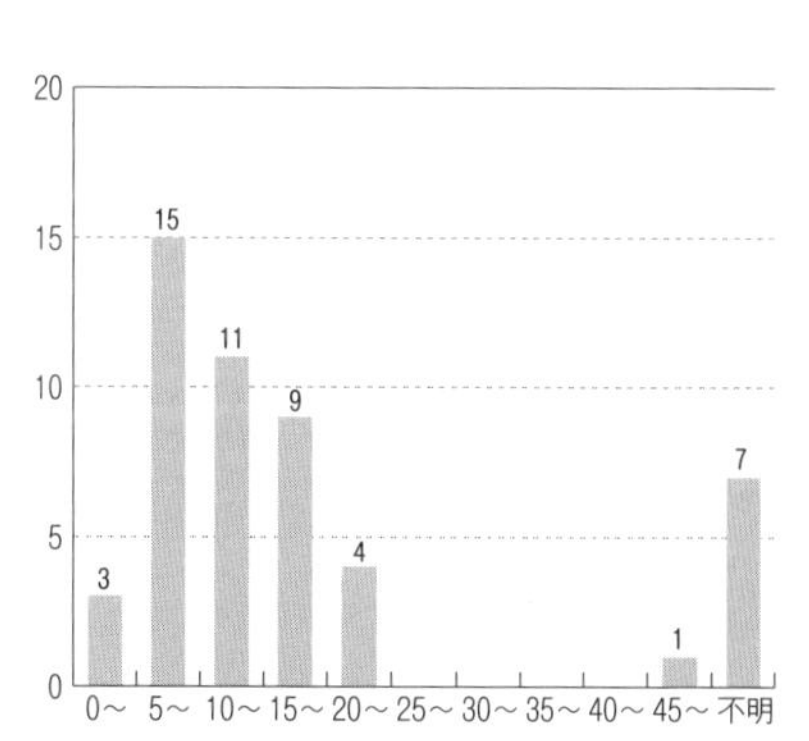

図7 奉納神楽数別集落数

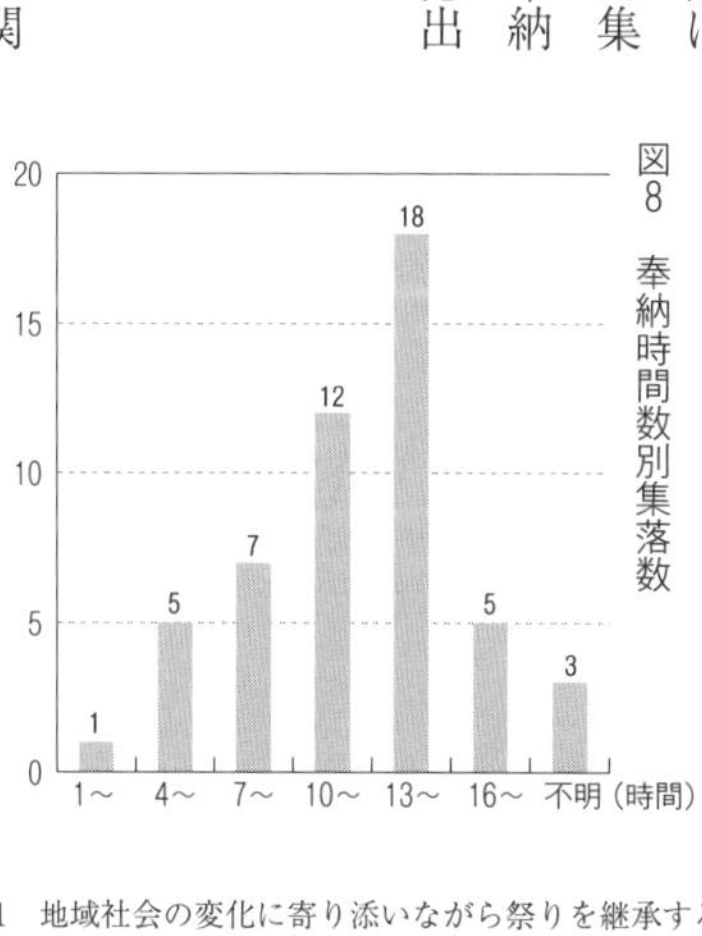

図8 奉納時間数別集落数

わる行為であり、多くの演目が奉納され、祭りが盛況になることに対して地域社会に貢献しているという自負とともにステイタスにもなっていると考えられる。

奉納料が公開され周知されていることが重要で、かつ、誰がどの神楽を奉納したかを半紙に書いて知らしめることは必須である。毎年実施される祭りにおいて納める奉納料の多寡によって社会的地位が決まると言っても過言ではない。それだけではなく、祈願という個人的な行為も含まれ、奉納料を納める側にはそれ相応の意義がある。そして地域社会にとっては奉納数が多ければ祭りは盛り上がり皆が享受できる。神楽講にとっても先に述べた通りその継承にはなくてはならないものになっており、三方Ｗｉｎ－Ｗｉｎの関係にあると言える。同じ価値観を共有する地域社会だからこそ成立する仕組みである。

この奉納神楽の仕組みは豊前神楽の大きな特徴であり、現在もなお盛んに神楽奉納が継承されている要因と言える。なお、このような形式で秋祭りを行っているのは京築地域では豊前市、吉富町、上毛町の秋祭りで南部に集中している。

3 次世代に継承される仕組み

神楽講の概要

豊前市の神楽6団体に所属している講員は２０１９年の調査では合計１０９人。講員の年齢割合を見ると60%が40歳代以下である（図9）。約10%の70歳以上の講員も現役で舞ってい

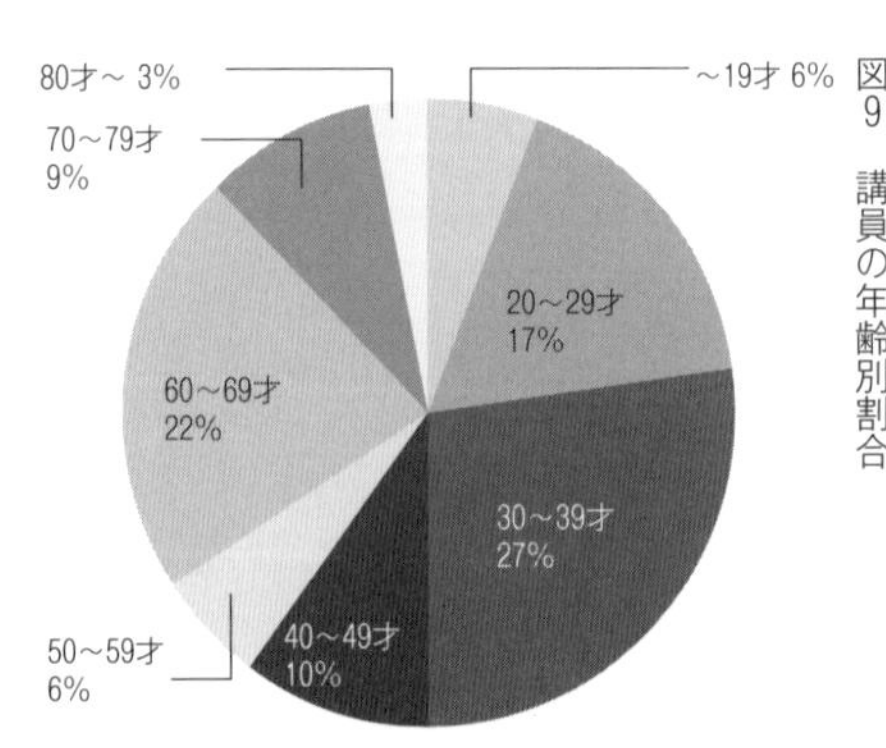

図9 講員の年齢別割合

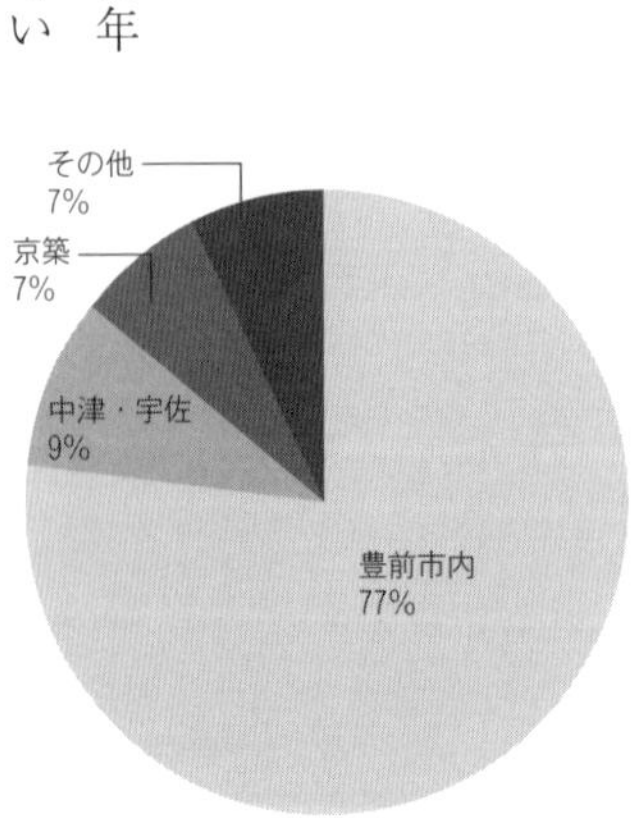

豊前市内
77%
中津・宇佐
9%
京築
7%
その他
7%

図10 講員の居住地別割合

る。様々な演目を行うには舞方が6人、囃子方が3人必要である。長時間の祭りにおいて交代要員が必要となるが、平均18人いるので十分対応できていると言える。約30年前までは後継者不足の時代もあったが、その頃からどの団体も「子ども神楽」を組織し、後継者育成に努めたため、その当時の子どもが現在の30～40歳となり活躍している。このように現段階では神楽の次世代への継承は巧くいっている。

講員の居住地は約80%が豊前市内に居住、隣接する中津市や車で30～50分圏内の京築地域に居住していることがわかる（図10）。2018年の調査では、祭りのたびに福岡市から帰省していた講員が2019年には地元で転職先をみつけ神楽のために戻ってきていた。講員の就労地を見てみると、講員の半数は豊前市内であり、周辺地域を含めると約80%が近隣で働いている（図11）。市内の製造業をはじめ近隣の苅田町、行橋市、中津市、宇佐市には多くの工業地域が存在していることが近隣での就労を可能にしている。

秋になると神楽講は、平均して10カ所程度の市内奉納と、3～4カ所程度の市外奉納に雇われる。近年では北九州市や福岡市、県外への出張奉納も行われるという。

湯立（ゆだて）神楽

豊前神楽のもう一つの特徴である「湯立神楽」も若い世代の講員が活躍している要因だと考えている。豊前神楽最大の演目で、所要時間は2時間から2時間半に及ぶ。湯立神楽は日本各地の神社で行われている神事だが、豊前では修験道の影響を色濃く受けており、他の地域には見られない特徴的な演目となっている。

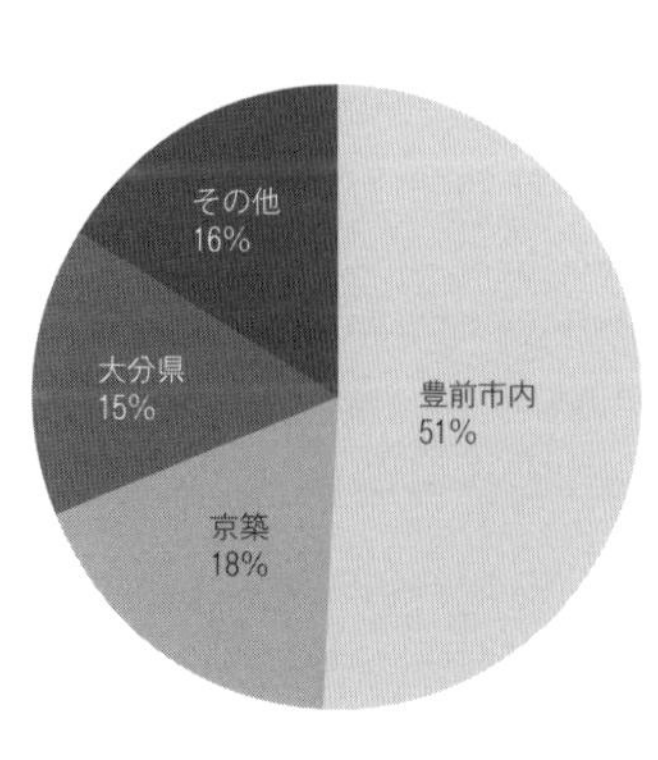

図11　講員の就労地別割合

図12　湯立神楽

湯立神楽は、神社の境内等に斎庭（ゆにわ）を設営し、巨大な湯釜とその横に高さ10mに及ぶ斎鉾（ゆぼこ）が据えられる（図13）。そこで神楽が奉納され、クライマックスでは鬼が斎鉾を登り先端に取り付けられた蜘蛛手を切り落とし五穀豊穣を願うというもので、その際、鬼はアクロバティックな所作を繰り返し、最後は斎鉾を支える綱を伝って降り、観客の喝采を浴びる（図12）。この斎鉾に登ってアクロバティックな所作をするのは若手の講員で、年齢を重ねるとなかなか難しい神楽である。逆に言えば若手講員がいなければ湯立神楽は奉納できない。ここに若手講員の存在価値を見いだすことができる。

地域社会の会合に参加すると、「70歳代がまだまだ若手だから」とその上の世代に遠慮する場面によく出くわす。幼少期に培われた年齢による階層はいくつになっても変わることはない。こうした硬直した状況が若い世代の参画を妨げている側面もあるのではないか。そういう意味でこの湯立神楽の存在は若い世代の参入を促し、活躍できる場を提供しており、結果として次世代への継承が確実に実施されていると考えられる。

神楽舞台を守り継ぐ

神楽は舞人・囃子方（笛、太鼓、銅拍子）と見物人・世話人および舞場（境内、舞台）の三要素で成り立っている。舞人と囃子方は「講」を組織し継承していることは先に述べた通りだが、奉納される場としての神楽舞台を集落ごとに維持管理し続けていることも大変興味深い点である。京築地域ではいわゆる拝殿を神楽舞台としている。特に豊前市では拝殿の一部を壁で仕切り楽屋として使用する附属型楽屋や、別棟の楽屋を橋掛りでつなげた別棟型楽屋な

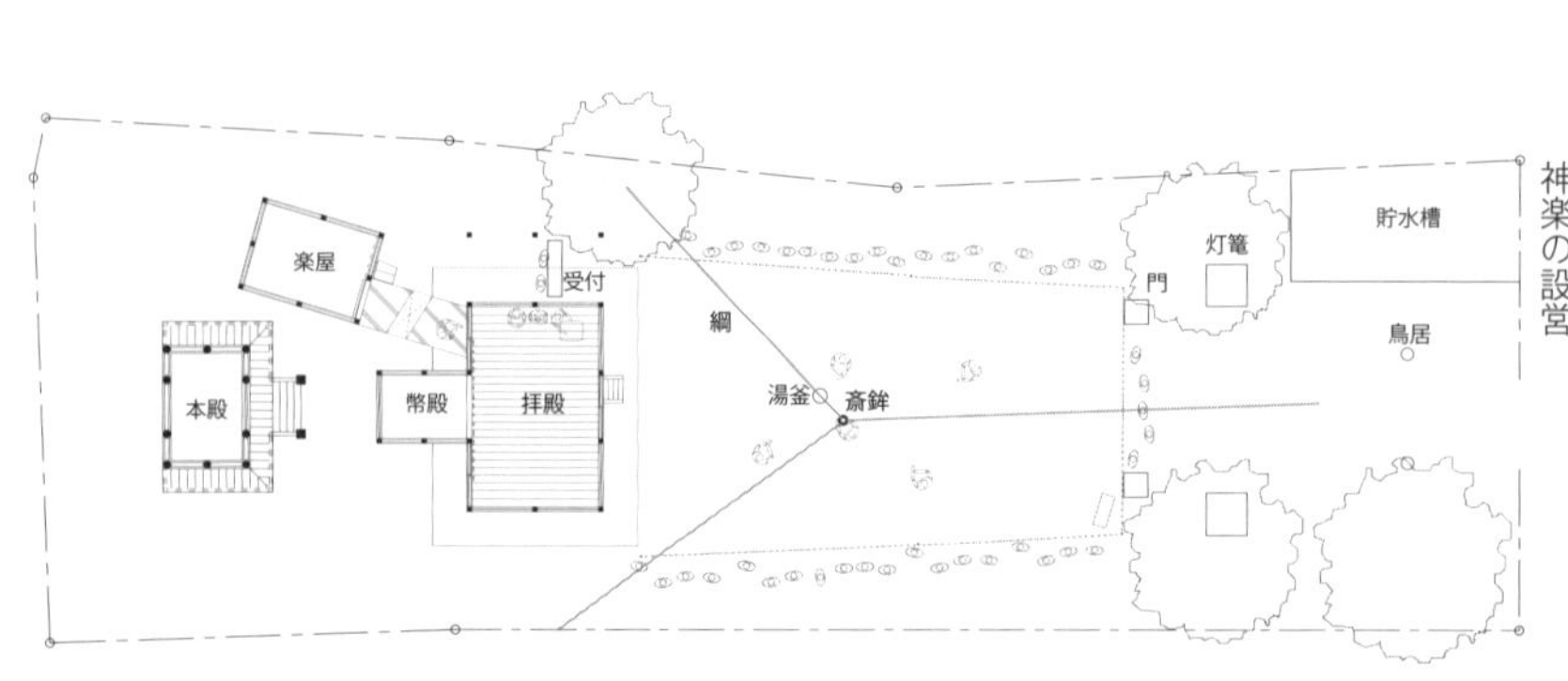

図13　事代主神社（豊前市今市）の湯立神楽の設営

ど、拝殿でありながら舞台としての用途を意識した空間構成になっている点が特徴的である(図14)。拝殿の多くは吹きさらしのため、床板の改修などが必要となるが、確実に維持管理され、毎年開催される祭りに備えている。

豊前において過去10年間で実施した改修工事について調査したところ、51社のうち拝殿の建て替えが1社、屋根の葺き替え、床の張り替え・補修、楽屋の整備などの改修は10社で見られた。これらの維持管理、改修費用は蓄財や区費、氏子からの徴収・寄付で賄われている。年1回開催される祭りの神楽奉納のために舞台が存在し、守り継がれているのである。

4 地域コミュニティに果たす役割

祭りは巧みに仕組まれた防災訓練ではないか、とよく言われる。祭りという楽しみながら参加する行事を通じて、協働して地域を守る訓練をしていることになっているのではないか。災害時に想定される避難誘導、炊き出し、避難所運営などの光景と、お祭りの光景が重なって見えるというものだ。

祭りのため、神社への飾り付けやしつらえ、神楽講のための昼食や夕食の用意も集落をあげて準備をしている様子を拝見すると、コミュニティ形成の一助となっているのではないか。また、見物に訪れる集落の人々が「久しぶり」「元気だった?」と声を掛け談笑し合う様子からは重要なコミュニティ形成の場であることが確認できる。このように神楽を奉納する組織と、舞台を維持し神楽奉納を支える集落共同体の存在が、神楽を継承してきたことが

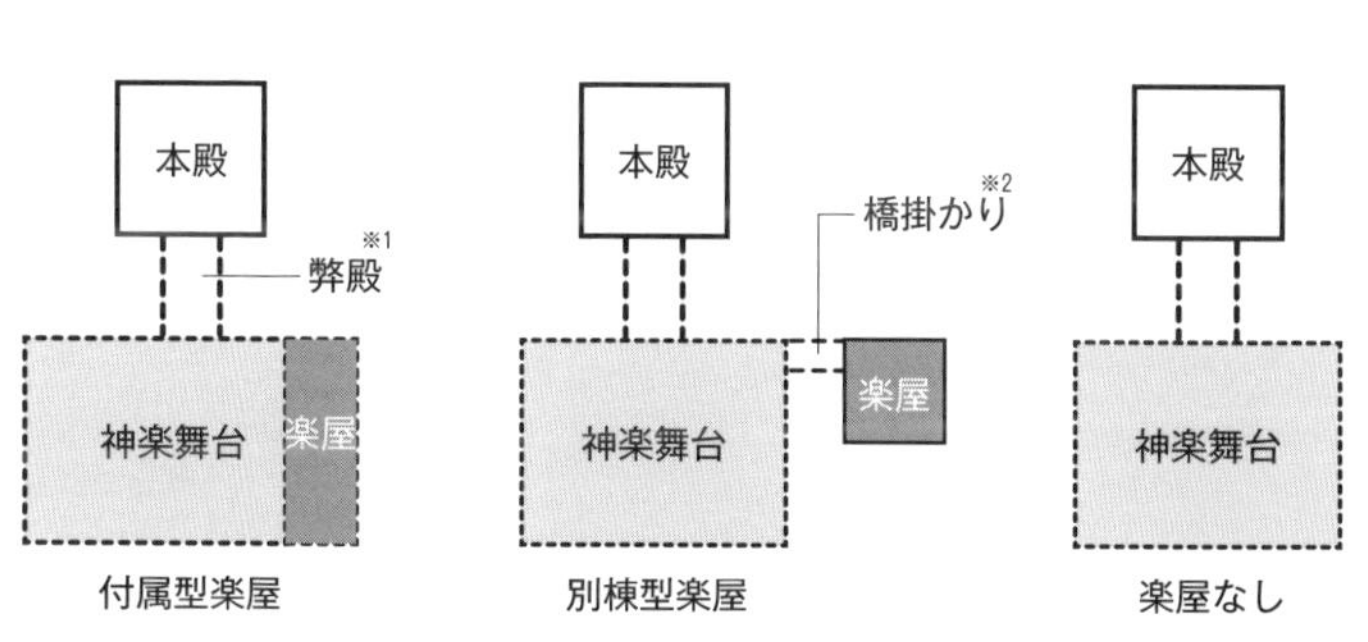

図14 神楽舞台の形式

※1:弊殿のない場合もある。 ※2:橋掛かりのない場合もある。

わかる。それと同時に神楽を継承することで共同体を維持してきたとも言える。

日本各地に目をやると、人口減少、少子高齢化による担い手不足の中で祭りや民俗芸能を継承するため、様々な取り組みが進んでいる。近隣転出者や帰郷者の参加、あるいはサポーターや企業による人的支援などである。また、後継者確保のため、かつては特定の家や跡継ぎのみ継承するといったしきたりや縛りを解除し、参加の間口を広げたり、子供の積極的な参加を促し後継者を育成するなどの取り組みも見られる。各地で、女性や子供の参画が散見されるのはその結果と言える。

このように祭りや民俗芸能の継承に多様な人材が関与することがきっかけで地域外との関係を構築することができ、地域社会の課題解決につなげることを期待できないだろうか。

本節では豊前神楽は若い講員が支えており、次世代への継承は巧くいっていると述べてきた。その要因として神楽そのものの特徴や奉納方法が考えられるが、なによりも共同体の力が大きいと考えている。共同体の力がなければ神楽を奉納できないし、神楽舞台も維持できない。長きにわたり神楽を育んできた文化は地域の人々にとって誇りであり、継承してきたという自負が共同体をより強固にしている。言いかえれば神楽を継承することが共同体を維持していくという人々の意思の表れとも言える。

しかし、豊前市は昭和30年の市政以来、一貫して人口は減少しており、今後もこの傾向は避けられないと予想されている。共同体が維持できなくなる可能性はなくもない。その際、神楽を通して地域外との新たな関係を構築することで共同体維持の可能性を見い出していくことを期待したい。

3・2 まちの将来を育てる1学年1学級の町村立高校

北海道剣淵町　人口2978人

野村理恵

1 地域の産業とともにある高校

北海道には2023年1月時点で17校の町村立高校が存在しているが（図1、表1）、これは全国的にみても希少な例である。地域住民の希望により設置され、農業高校を母体としたものや、定時制課程として開設されたものが、時代に応じて学科やコースの内容を変革しながら維持してきた例が多い。生徒数の減少は加速しているが、道立高校と同等の基準では統廃合の対象とはなりにくく、存続の決定主体は町村の裁量に委ねられる部分が大きい。そのため、高等学校の維持は町村の将来へ向けた地域計画の主要なテーマとして取り上げられている。近年では、町村内の人材育成に加えて道内外へ巣立つ卒業生や保護者などとの関係形成を視野にいれた教育や地域活動へ移行している。小規模な町村にとって重要な位置づけにある高等学校という視点に立ち、その可能性を考察する。

高校の「魅力化プロジェクト」と呼ばれる改革の取り組みについては、島根県の隠岐島前高等学校※1を始めとして全国に展開されつつあり、文部科学省としても一連の「地域との

※1：「隠岐島前教育魅力化プロジェクト」http://miryokuka.dozen.ed.jp/about/『第3期　隠岐島前教育魅力化構想　意志ある未来のつくりかた』2019年3月発行

※2：文部科学省「地域との協働による高等学校教育改革の推進」https://www.mext.go.jp/a_menu/shotou/kaikaku/1407659.htm

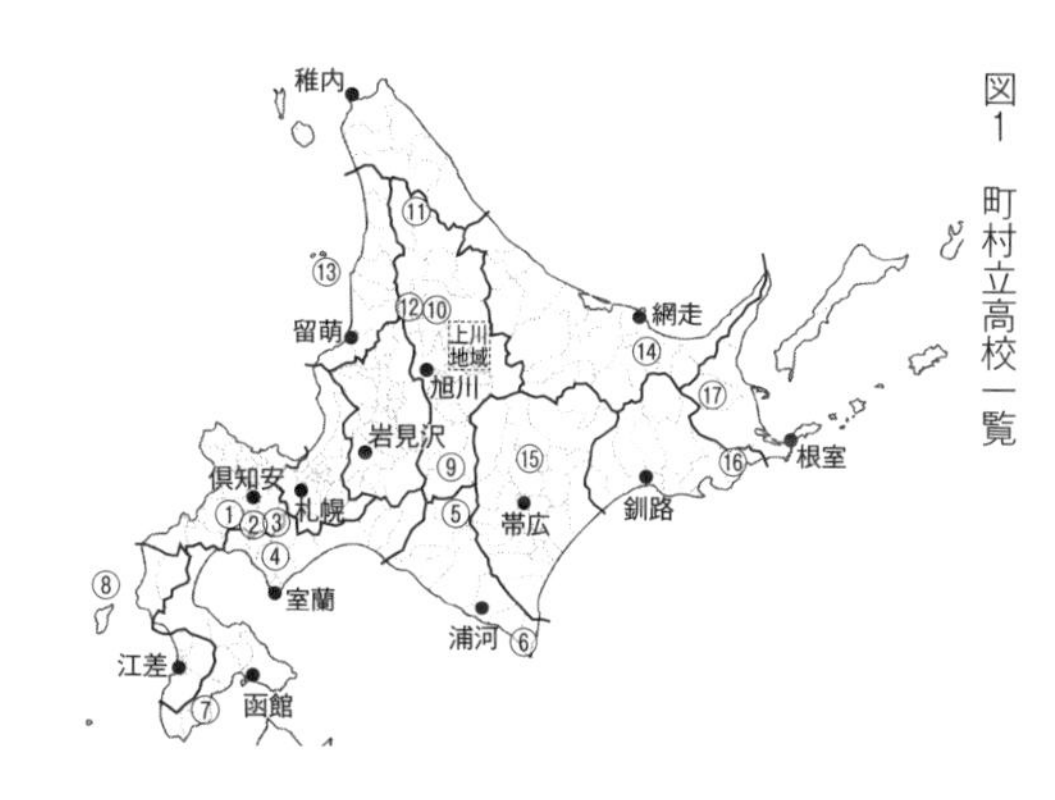

図1　町村立高校一覧

協働による高等学校教育改革の推進」事業を進めている※2。それに伴い、都道府県では独自の施策を打ち出し、高校入学人口の大幅な減少とあわせて急ピッチで対策を進めているといえよう。一方、町村立高校に着目すると、上記の影響を少なからず受けつつも、高校の存続可否といった重大事項の決定やいくつかの転機はこれまでの経緯のなかで既に経験し、今日を迎えてい

表1　北海道の町村立高校一覧

高等学校名称	町村立	所在地	開設年	学科	課程	募集間口(学級)数	農業系学科(コース)	その他学科・コース
①ニセコ	町立	ニセコ町	S23	緑地観光科	定時制(昼間)	1	○(アグリフード)	グローバル観光
②真狩	村立	真狩村	S23	農芸科学科	定時制(昼間)	1	○（有機農業、野菜製菓）	
③留寿都	村立	留寿都村	S26	農業福祉科	定時制(昼間)	1	○（国際農業、農業福祉）	
④壮瞥	町立	壮瞥町	S23	地域農業科	全日制	1	○	
⑤日高	町立	日高町	S23	普通科	定時制(夜間)	1	●農業科として開校し、普通課へ改組	昼間に日高町産業学習として、スキーコース、アウトドアコースを町の運営で設置
⑥えりも	町立	えりも町	S24	普通科	全日制	2	なし	中高一貫教育
⑦知内	町立	知内町	S26	普通科	全日制	2	なし	
⑧奥尻	町立	奥尻町	S49	普通科	全日制	1	なし	H28 道立から町立へ移管、島留学制度
⑨南富良野	町立	南富良野町	S23	普通科	全日制	1	なし	学校設定科目(アウトドア)
⑩剣淵	町立	剣淵町	S26	総合学科	全日制	1	○(農業国際系列)	未来のしんろ系列、生活福祉系列
⑪おといねっぷ美術工芸	村立	音威子府村	S25	工芸科	全日制	1	●農業科として開校し、工芸科へ改組	
⑫幌加内	町立	幌加内町	S29	農業科	定時制(昼間)	1	○	必修科目(そば)
⑬天売	町立	羽幌町	S29	普通科	定時制(夜間)	1	なし	学校設定科目(水産)
⑭大空	町立	大空町	R3	総合学科	全日制	1	●道立女満別高等学校（全日制普通科）が大空町へ移管、大空町立東藻琴高等学校（定時制農業科単科）と統合	
⑮士幌	町立	士幌町	S25	アグリビジネス科 フードシステム科	全日制	2	○	
⑯霧多布	町立	浜中町	S26	普通科	全日制	2	なし	
⑰中標津農業	町立	中標津町	S25	生産技術科 食品ビジネス科	全日制	2	○（酪農、園芸）	

るという例が多い。

道内の町村立高校の多くが、1学年1学級の小規模編成であるが、定員の40名を満たしていない。北海道教育委員会の基準では定員の半数を下回ることが2年続くと統廃合検討の対象となる。しかし、そのような状況であっても、各町村では高校が存続するという前提での施策の検討がなされている。その背景として、高校の存在自体が、地域の主要な産業として位置づけられていることが挙げられる。例えば、北海道幌加内高等学校（以下、幌加内高校）は、1985年に高校存続が町政の課題に浮上し、議論を経て存続が決定され新体制が始まった。六次産業教育を柱に据え、地元の特産品である「そば打ち」を授業に取り入れ、2002年からは「そば」という学校設定科目として公式に設置された。生徒たちが全国大会にも出場し、段位をとるなどするなかで、町内は勿論、道内外での知名度も高まりメディア等でも多く取り上げられるようになった。人口1300人前後の幌加内町で、毎年2万人ほど訪れる「新そばまつり」の目玉は幌高生による手打ちそばである。年に数回開催される農作物や加工品の「幌高商店会」もそれを目当てに町内外から人が訪れる。高校があることで町の産業が維持され、また新たに創造、継承されている。また、音威子府村で農業科が工芸科へ転換したことは大きく話題となり、その後もおといねっぷ工芸高等学校として、全国からの入学生を集めている。人口約770名の村に100名を超える高校生がおり、まさに高校が村の一大拠点であることを示している。日高高校は夜間定時制であるが、昼間には町職員が主体となり「日高町産業学習」という科目を設定し、スキーやアウトドアのクラスを運営している。町村間の距離が近いニセコ町、真狩村、留寿都村のそれぞれの高校では、農業科に加えてグローバル観光、野菜製菓、農業福祉といった独自性をもたせた学科やコースを創設し、互いに存続していくことでこの地域全体の産業を支えるといった取り組みもみられる。

2 後継者育成から担い手育成へ

戦後、農村地域では農業・生活改良普及員による成人教育が始まり、その流れのなかで農業の後継者に高等教育を求める運動がおこり町村が高校を設立する動きが高まった。当時は農業協同組合との関係も密接であり、高校から農業経営者へ至るまでの成人教育の流れがつくられていたという地域もある。一方、産業構造の変化、新たな技術の変化などのスピードが早く、町村内の生徒を対象とした後継者教育ではなく、基幹産業である農業を保持しながら、視野を広げて多分野の担い手育成に切り替えた地域が現在まで存続している。

剣淵高校の沿革とまちづくり施策への位置づけ※3

北海道剣淵高等学校（以下、剣淵高校）は、1951年に士別高校の分校として設置され、翌52年、当時の村立として独立し、定時制普通科昼間季節制として発足した（図2）。農業従事者の子どもたちが農業の後継者として労働しながら、農閑期に教育を受けるという形式で、当時は多くの町村立高校で同様の形態がみられた。その後、被服科と酪農科の開設を経て1968年に農業科への転換が承認された。大きな転機の一つとして、1982年の全日

図2　剣淵高校正面玄関

※3：剣淵高校に関わる情報については、剣淵高校、剣淵町教育委員会へのヒアリングおよび提供資料に加え、剣淵町史編纂委員会編『剣淵町史　続史1』1999年、『剣淵町史　続史2』2020年に基づき記載している。

制課程への移行が挙げられる。大学への進学率が高まってきた時代背景において、農業従事者も子ども世代への教育の充実が求められ、なかでも女子教育の重要性が高まっていた。その結果、農業・生活科が設置認可され1学年1学級のなかで、農業と生活科を学ぶ編成となった。しかし、地元中学卒業生の普通科志向が高まり、生徒数の減少が続いたことから、高校の存続を含めた将来の学校運営の方針が審議された。そこでは、時代の進展に応じた教育内容を実現し、地域や小中学校との連携を強化することなどが議論された。その結果、剣淵高校は、剣淵・士別圏における農業の担い手育成に加え、地域の関連産業に貢献できる職業人の育成をはかる機関として位置づけられ、高校運営がまちづくり施策の一環として捉えられる運びとなる。また、運営審議会に加えて建設審議会も答申を提出した。そこでは教育内容の改善とそれを実現するための校舎の全面改築を求めており、またその校舎を「生涯学習の場」として地域へ開放するというものであった。実際に校舎の改築や設備の導入が進められ、教育内容としても先端技術の導入や地域との連携、海外実習など就業や生活に密接した取り組みが続けられている。

町内に閉じない「担い手」の考え方

1995年には農業国際コース（図3）と生活福祉コースが導入され（図4）、2008年に介護福祉士養成施設の認定を受けるため、総合学科への学科転換を申請し認可された。総合学科にした理由としては、介護福祉士受験資格を3年で得られるようにするための科目配置や、農業、福祉のみならず公務員等を含めた多様な将来を意識した選択肢を増やすためで

図3　農業実習の様子（提供：剣淵高校）

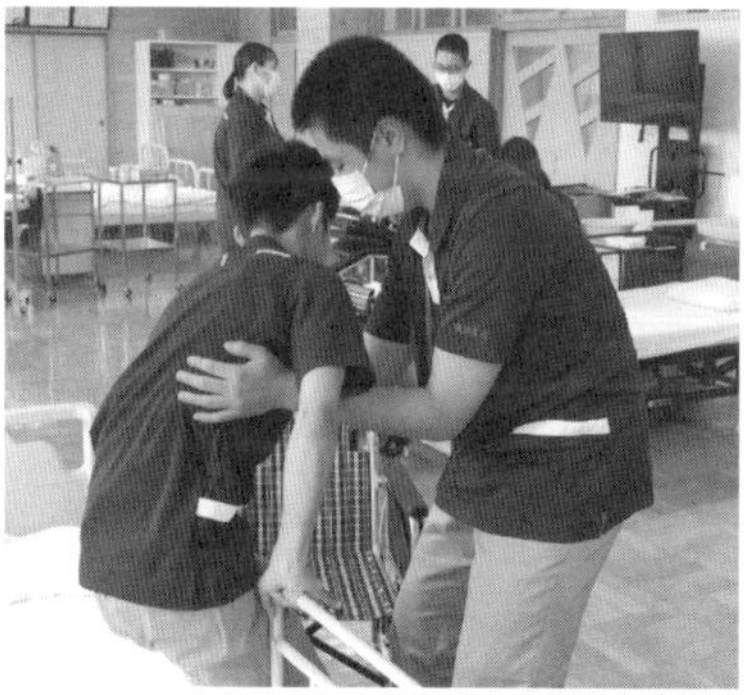

図4　介護実習の様子（提供：剣淵高校）

ある。国内唯一の1学級規模校での総合学科である。また、北海道内の高校で介護福祉士の養成課程として認められているのは4校のみであり、遠方から入学を目指す生徒もみられる。2013年には寮を増築して遠方からの入学者に備えている。総合学科移行後、一定の入学者数を確保していたが、2019年に20人を割り込んだことから危機感が強まった（図5）。町内や近隣の中学卒業者数の推移や入試制度の変更も見据えながら、2021年、「未来のしんろ系列」としてカリキュラムを増設した。近隣の士別市、名寄市、旭川市等には普通課の高校があるため、職業や産業に密接な学びを維持しつつ、将来への選択肢を広げるような系列を設置した。ここでは明確に「未来の担い手」を育てるという目標が掲げられている。「担い手」とは町内のみならず、周辺地域も含み、上川エリア相当を想定しているという。町内での就業先の確保等を目指しつつも、町内外からの生徒の受け入れや卒業生との関係も維持することで、地元も育つという認識を町と学校で共有している。

現役高校生が描く未来像

剣淵高校に通う生徒へのインタビューを通じて、地元の高校に対する意識を考察する。町内出身者については、親世代も剣淵高校の卒業生であり、また兄弟が通っているなど身近な高校として捉えている。保育園や小中学校の頃から高校生との関わりがあり、玩具を作ってくれたり、絵本を読んでくれたりしたという記憶もある。給食があることやバイク通学ができることも進学の一つの動機であったという。隣接市からの生徒の一人は、未来のしんろ系列が設置されることを知り、その内容に関心をもって入学した。保護者は他地域へ転居した

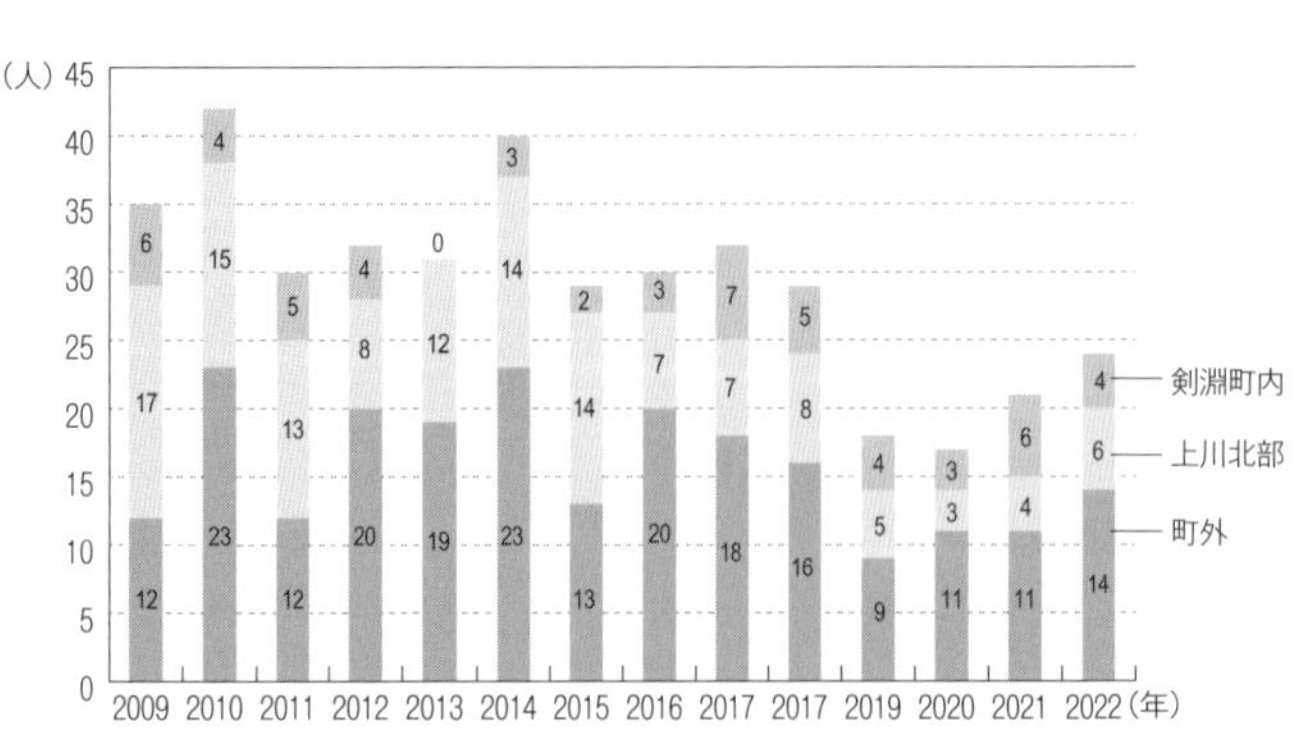

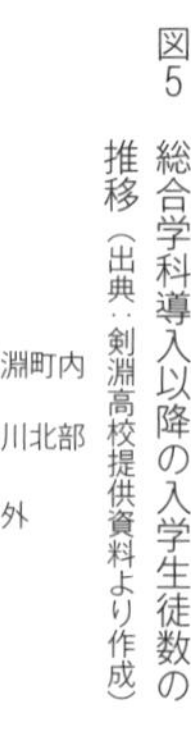
図5　総合学科導入以降の入学生徒数の推移（出典：剣淵高校提供資料より作成）

が、地元での進学を希望し、入寮することによって剣淵高校での学びを選択した。学校では、少人数でじっくり学べるという特性のなか、いずれの生徒も中学生の頃と比較してしっかり勉強しているという実感がある。卒業後の進路については、直接的に町内で就業先をみつけるとは限らず、近隣の比較的規模の大きい市や札幌などへの関心が高く、将来的に剣淵町へ戻るかどうかは未定である。しかし、具体的な希望を聞くと、農業機械の整備や操作に関心を持ったり、保育士の資格取得を目指したり、栄養士の資格をとって学校給食を充実させたいと考えるなど、高校における学びに少なからず影響を受けた将来を描いている。

3 町で高校を持つ意義

ここで、剣淵町の概要をみると、1899年に屯田兵が入地し、その後も農村として発展してきた町である。人口は約2880人で、人口減少や高齢化の推移は他市町村と同様に進んでいる（図6）。基幹産業である農業人口を維持する取り組みの一つとして、総合戦略では、後継者のみならず新規参入者を増やすことや、剣淵高校との連携を深め、卒業生の働く場を確保することを掲げている。また、1988年より「絵本の里づくり」と呼ばれる活動がひろがり、1989年のふるさと創生資金の半分をこの活動に使うことで、公民館を「絵本の館」として改修し、絵本や原画を購入している。この絵本の館を舞台として、これにまつわるイベントや住民活動が展開してきた。2004年には改めて絵本の館が新築され、学童保育や映画の撮影など、町の子育て拠点であり、広報活動の拠点ともなっている（図7）。

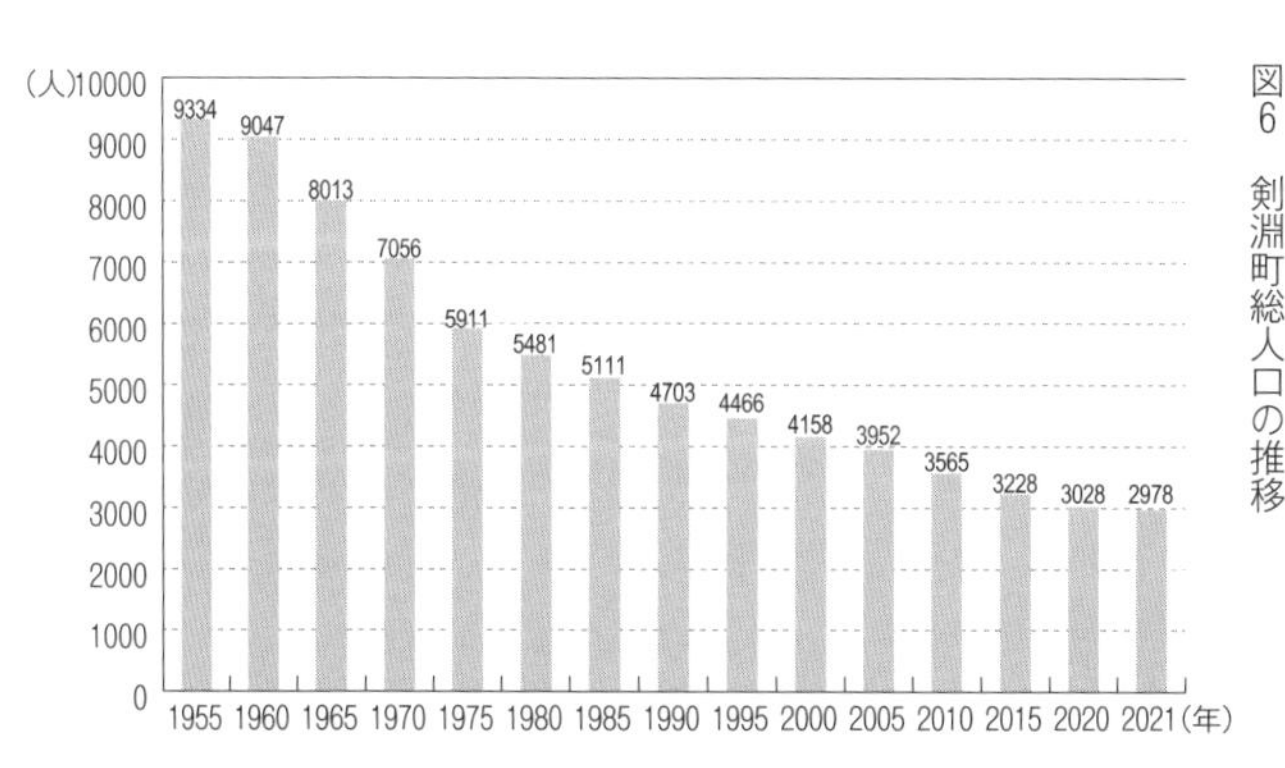

図6 剣淵町総人口の推移

若い力による高等教育の地域循環

剣淵高校の特徴的な授業の一つとして、地域おこし協力隊の隊員が主な担当者となり絵本を介した授業を構成していることが挙げられる。ここでは、絵本の内容のみならずどのように絵本が作成されるのか、製本や流通、図書館、普及業務等を含めて学ぶことができる。また、課題探求の授業においては、卒業生でもある地元の事業者と協働でソーラーパネルを学生自らがつくるという取り組みを始めた（図8）。さらに、食品ロスや食糧生産に対する取り組みとして、ニワトリを飼育し、餌に給食センターから残飯として出るカツオや煮干しなどを利用するなどしている。他にも、漁業や林業を学びながら温暖化や二酸化炭素削減などの意識を高めることを目指す授業を展開している。このように、高校で専門的な教育を進め、その成果を町民へ発信したり、学習会を開いたりすることにより、生徒の意欲や知識を向上させると同時に、町民全体への生涯学習へ還元することが目指されている。

北海道内で比較的郡部に位置する町村立高校には、新任など若い教員が配置されることが一般的である。学校運営上は、中堅以上の教員の役割が大きくなるが、高校において生徒の他に教職員を含めた若い世代の循環があることは、町にとって好影響である。高校での授業や活動を通じて、新しい技術や発想が生徒や住民へ伝わることも期待されている。一方、専門化が進みすぎると教職員のみでは時代や技術の変化に対応しきれなくなる。例えば環境問題や国際化、ＳＤＧｓなどの関連事項は既に地元農家が実践していたり、先端技術を持っていたりすることも多く、臨時講師として地元民を招くなどすることで若い教員や生徒がも

図7　剣淵町絵本の館

図8　ソーラーパネル製作の様子（提供：剣淵高校）

たらす専門的な知識を相互に高めていくことが期待されている。

町が補完する教職員体制

町立高校の学校運営上の特徴として、何にどれだけの予算をかけているのか、教職員にも直接的に伝わることが挙げられる。また、町民からの期待の声もダイレクトに伝わる。学校と町、町民が信頼関係を保つことで挑戦的な取り組みも実現しやすい。一方、教職員の安定的な確保が課題である。教職員は道立高校と同様に北海道教育委員会から配置されるが、特に介護福祉に関わる専門教職員は北海道全体で人数が少なく、限られた学校間での転勤も難しい。また、総合学科の設置で生徒の選択肢を増やすにしても、入学者数が毎年変動し、生徒による系列の選択傾向も一定でないなか、専門的な授業を実施できる教職員を継続的に配置することが困難である。剣淵町では、新たに設置した未来のしんろ系列の教員を3名、生活福祉系列の教員を1名、事務生1名を採用し、また町職員として看護師と事務職、農業実習助手としてそれぞれ1名を確保し、合計八名を町の裁量で雇用している（図9）。新系列設置前からは3名の増員となる。

新たな取り組みを実現する際に必ず遭遇する人手不足という課題に対して、いかに柔軟な対応をとることができるかどうか、小規模な単位であるからこその弱みと強みが同時に存在する。剣淵高校では町立高校であることの強みを最大限活かし、教職員体制を補完している。高校の教育環境を整えることと、町の雇用の創出が連動しているのである。

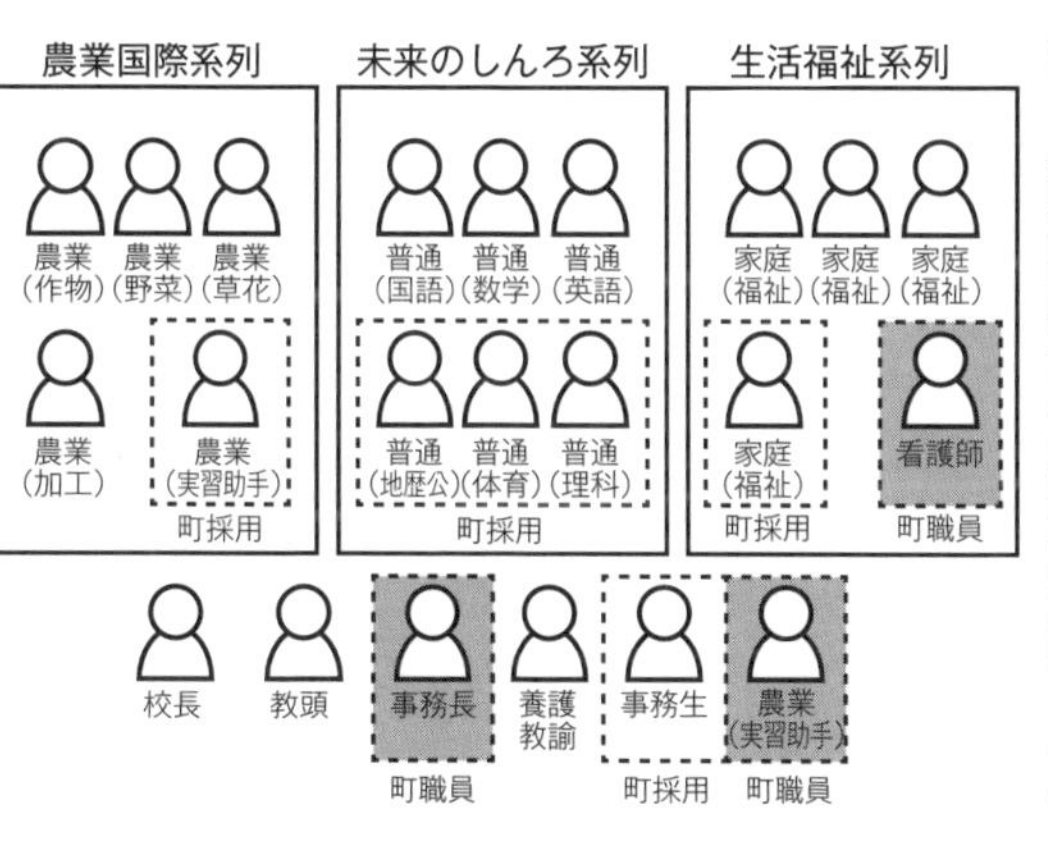

図9 教職員体制（出典：剣淵高校提供資料より作成）

町村立高校の特性の一つとして、卒業生との関係が挙げられる。町で後継者を育成していた時代から、町内進学者が減少に転じて久しいが、高校を維持していくときに欠かせないのが卒業生の協力や存続にかける思いであろう。

4─次世代と何を学ぶか

わがまちの高校への思い

60代、40代、20代の卒業生へのインタビューを通じてそれぞれの時代における高校の位置づけを概観する。いずれも農業系の出身者である（表2）。60代の卒業生は、剣淵高校創設初期の高等教育を経験し、農業と福祉という地域の基盤を支えてきた世代と言える。同窓会や創立70周年記念事業等においても主要な立場を担っている。40代の卒業生は、一度町外へ出てから改めて、自らの生活や家族との関係といった視点から農業を見直してUターンをしている。親世代も現役の農業者であり、前の世代との調整をしながら、時代に応じた地域の生業の未来や、子育て等を通じて生活の基盤を創造している世代と言える。20代の卒業生は、地域に根を下ろした農業活動が次世代に引き継がれ

表2　卒業生へのインタビュー内容

	60代	40代	20代
高校進学の状況	町内のほとんどの子どもが進学しており、特段の選択肢もなく進学	町外への進学者も多くなっていたが、親が農業者であったことからほぼ強制的に農業科へ進学	幼少期から志をもって働く両親の姿をみて農業に魅力を感じて家業を継ぐことを意識して進学
高校時代の印象的なこと	農繁期は学校がなく農業の手伝い。冬は8km離れた自宅から通うのが困難で寮に入っていたこともある	海外研修の経験が印象深く、人生が変わったと自覚している	農業を選択した同級生の人数は1桁台であったが、実習などを楽しんでいた。特に海外研修は印象深かった
卒業後の進路	そのまま農業を継いだ。近年では福祉関係の事業所の役員となり、高校生や卒業生を受け入れている	農業を継ぐことを望まず町外へ出て営業マンとして働いていたが、家族との時間を大事にしたいという思いからUターンして農業を見直した。農協の青年部として町全体の農業振興に関わりながら、新しい時代の農業を見据えて有志とともに勉強しながら楽しんでいる	道外への専門学校を経て、両親とともに農業に従事。弟も卒業生であり、道内の農業大学校に通っているため、将来的には2人で農業を続ける予定
高校との関わり	同窓会の役員を務めたり、実習を受け入れたりしている	父の代から実習生を受け入れている。プロジェクト研究や農業クラブの指導で頻繁に出入り。会社を卒業生の就職先としても開いている	5年ほど前から実習を受け入れている

ている例である。前の世代より一段と人数が少なくなった進学者のなか、それでも維持されていた地元の高校での学びが、その先の専門教育への関心にもつながり、結果的に地元に還元されている。希少な例ではあるが、町立高校の地道で継続的な教育の成果が反映されている世代と言える。

それぞれ異なる背景で高校生活を経験した3名であるが、共通して、町に高校があることを誇りに感じている。町に若者がかたまっているということ自体に意味があるという。小規模であるからこそ小回りがきき、時代の変化に適応できるという考えから、近年の高校改革の動きについても期待しながら見守っている。方針の一つである町外への働きかけについて、高校を窓口として町外の人が入ってくることにより、生徒の視野が広がることや、全国にネットワークができること、剣淵町の名前が広がっていくことに期待している。一方、町内出身者にとっては、長い期間、固定された少人数のメンバーで過ごしてきたため町外進学の希望者が多いことには理解を示している。外を知ること、外から入ってくることのいずれも重要であり、剣淵高校が町内外のいずれの子どもたちにとっても充実した場となるように何かできればと考えている。

次世代は育つ

剣淵高校に限らず、全国の高校における授業内容の多様性や地域との連携は大きな展開をみせている。そのなかで掲げられる担い手育成の「担い手」とは一体何を担うのであろうか。農業科を母体とすることの多い町村立高校においても、農業後継者の育成という側面は弱い。介護福祉や調理・加工、観光などの特色を持たせた学科設定に加え、大学進学を含めた幅広い選択肢を意識した学科編成が主流となっている。つまり、高校生は現在の町村の基幹産業の担い手ではない。さらに、高校卒業後は町村外へ出る生徒が大半であり、高校進学が移住定住につながるといった流れには至ってない。一時的な若年人口の割合増加には寄与するものの、高校生は人口減少を食い止める人材ではない。

それでも、小規模な町村において高校を維持することの意義の一つは、若者が循環する窓口となることではないだろうか。若者とは、毎年入学・卒業する高校生はもちろん、全道から赴任する教員や職員、卒業生や地元住民を含めて、町村において若い年齢の人口が集積していることは確かである。町村が切望して設置された高等教育機関であり、そこに常に若い人がいて、新たな情報や知識が循環する（図10）。地元住民が学びの最前線であり講師にもなり得る。つまり、高校生は、町村内で世代を超えて経験が共有される機会の担い手と言える。この担い手の未来は誰にも縛られずに自由である。卒業生がそれぞれの進路のなかで獲得していく新たな経験をいかに町村に引き寄せてくることができるか。その機会を教職員のみならず住民が一体となってつくっていくことができる高校でこそ、次世代が育つと期待したい。

図10　地域起こし協力隊による絵本の授業（提供：剣淵高校）

3・3 空き家を居住支援に活用して炭鉱閉山後の住まいを引き継ぐ

福岡県大牟田市　人口10万8402人

藤原ひとみ

※1：足立壮太ら「福岡県大牟田市における社宅街の変化に伴う居住者年齢構成の変容に関する研究」『日本建築学会計画系論文集』第84巻第765号、2235-2245、2019年

1 福祉的資源としての空き家活用

福岡県大牟田市は、福岡県南部に位置し、かつて炭鉱の町として栄えた地方都市である（図1、図2）。最盛期（1959年）には人口20万人を数えたが、1960年代から始まった国のエネルギー政策の転換を契機に徐々に人口減少が始まり、2022年10月現在では10万人代と約半減するなど、全国に先駆けて人口減少・高齢化を経験し、現在も進行中である。

また、大牟田市の特徴として、市街地形成に関して国や行政の施策だけでなく、炭鉱関連企業である三井系企業が実施した持家支援策なども、住宅地開発および住宅団地の年齢構成に影響を与えていると指摘※1されており、住宅団地において高齢者の偏在が生じ、空き家化に拍車をかけていると言われている。実際、高齢化率37・6％（2022年10月1日現在）、空き家率18・1％（2018年住宅・土地統計調査）であり、全国平均を上回っている。そこで、急増する空き家対策として空き家を福祉的資源として活用する方策がとられている。また近年は、空き家問題を地域住民が解決する活動も始まり、炭鉱閉山後の住まいの引継ぎに関し

図1　三池炭鉱宮原坑（提供：大牟田市広報課）

ていくつかの方策が展開されている。
ここでは、それらの事例を紹介し、展開可能性や課題について考えたい。

2 居住支援協議会による福祉的資源としての空き家活用

居住支援協議会による空き家対策

大牟田市では、人口減少に伴い増加する空き家対策の一環として、空き家を地域資源として活用する方策を検討する勉強会を2011年から実施、市役所の住宅・福祉部局職員、医療・介護事業者や不動産業者らと「空き家の活用と見守り支援の仕組み」づくりを検討した結果、居住支援という仕組みの必要性を感じ協議会設立に至った。

居住支援協議会とは、住宅セーフティネット法に基づき、住宅確保が困難な人に対して、民間賃貸住宅などへの円滑な入居の促進を図る組織である。地方公共団体や関係業者、居住支援団体などが連携し、住宅確保要配慮者※2および民間賃貸住宅の賃貸人の双方に対し、住宅情報の提供などを支援するものであり、大牟田市では2013年6月に設立された。現在の構成団体は表1の通りである。

居住支援協議会は2023年1月31日現在、都道府県と市区町村併せて120あるが、多くの居住支援協議会が実施する入居支援で扱われる物件は、住宅確保要配慮者の入居を拒まない賃貸住宅の情報提供であり、既に賃貸住宅として市場流通している物件の情報を扱って

図2 大牟田市市街地（提供：大牟田市広報課）

※2：住宅確保要配慮者とは、低額所得者、被災者、高齢者、障害者、子育て世帯、その他住宅の確保に特に配慮を要する者のことを言い、住宅セーフティネット法によって定義されている。

いる。

大牟田市居住支援協議会（以下、居住支援協議会とする）は、市場流通していない空き家を福祉的資源として住宅確保要配慮者等に対して提供しているところに大きな特徴がある。大牟田市では、不動産で扱える空き家は中古住宅市場で活用してもらい、それ以外の不動産業者でもなかなか買い手や借り手がつかない空き家に着目した。このような空き家は所有者側に活用の意思があってもなかなか活用されないまま時間だけが過ぎ、特定空家化※3してしまう可能性がある。

空き家が活用されない理由としては、所有者に活用の意識がない場合はもちろん、活用の意思があっても、①手続や相談先がわからず結果として放置されている、②家財や仏壇などの処分の問題がある、③住宅の状態があまりよくないため、賃貸住宅として市場流通させるには改修などのコストがかかる、などが挙げられる。

居住支援協議会はこれらの問題に、次のように対応している。①無料相談会の実施や空き家所有者への定期的な活用意思確認などを実施する。②残置家財がある状態での賃貸も可能にする。③原則は現状貸しで、所有者側にリフォームなどのコストがかからないようにし、修繕が必要になっても対応は入居者で実施する。ただし、入居者側が一方的に不利にならないよう、賃貸料は低廉なものとし、最低限住宅の維持ができ

表1　構成団体　（2022年4月現在）

構成団体	会員
不動産関係団体	公益社団法人　福岡県宅地建物取引業協会　県南支部 ありあけ不動産ネット協同組合
医療・福祉関係団体	大牟田市介護サービス事業者協議会 大牟田市介護支援専門員連絡協議会 大牟田市障害者自立支援・差別解消支援協議会 公益社団法人　福岡県社会福祉士会 特定非営利活動法人　大牟田ライフサポートセンター 社会福祉法人　大牟田市社会福祉協議会 大牟田保護区保護司会
法律関係団体	福岡県司法書士会
行政関係	大牟田市 大牟田市地域包括支援センター
学識経験者	有明工業高等専門学校　創造工学科　建築コース 公立大学法人熊本県立大学　環境共生学部　居住環境学科

オブザーバー
福岡県（建築都市部住宅計画課、保健医療介護部高齢者地域包括ケア推進課） 一般財団法人福岡県建築住宅センター

きる（固定資産税と火災保険）程度に抑えている。家賃を低廉に抑えるのは、居住の安定を目的に賃貸するという側面からも合理的な仕組みとなっている。

この仕組みが、空き家をそのままにしておくことは忍びないがコストはかけたくない所有者や、社会貢献意識の高い空き家所有者の希望と合致する。②や③に関しては、契約時に特約を結び、所有者、入居者双方の合意を得る必要があるが、これらの契約に関しては居住支援協議会の事務局が間に入ることでサポートを行っている。

現在、居住支援協議会の事務局は、大牟田市と居住支援法人※4である「大牟田ライフサポートセンター（以下、「ライフサポート」とする）」が担っている。所有者側のメリットとしては、現状貸しのため必要以上にコストをかけなくて済む、賃貸借契約の様々な事務手続きなどを「ライフサポート」が仲介してくれることで負担が少ない、何かあったときの相談先として「ライフサポート」があることへの安心感などがある。入居者側のメリットとしては、現状貸しが基本となるため、住宅の状態は物件によって様々であるが、公営住宅と同程度の低廉な家賃で生活の自由度が高い戸建て物件に入居が可能であることがあげられる。契約にもよるが多くの空き家でＤＩＹが可能となっているため、住宅改修の制約や原状回復などを気にする必要がなく子育て世帯でも入居しやすい。結果、不動産業者で扱うには困難な物件を、目的を限定し所有者の理解を得ることで福祉的な住宅としての供給を可能とした。

情報提供の仕組み

居住支援協議会では、空き家情報サイト「住みよかネット」※5としてホームページ上で公

※3：特定空家とは「空き家対策の推進に関する特別措置法」の第2条第2項に規定されており、「そのまま放置すれば倒壊等著しく保安上危険となるおそれのある状態又は著しく衛生上有害となるおそれのある状態、適切な管理が行われていないことにより著しく景観を損なっている状態その他周辺の生活環境の保全を図るために放置することが不適切である状態にあると認められる空家等をいう」とされている。

※4：居住支援法人とは、住宅セーフティネット法に基づいて都道府県から指定を受け、地域おける居住支援を担う団体（住宅セーフティネット法第40条）。住宅確保要配慮者に対して家賃債務保証や入居支援、見守りなどの生活支援などを実施する。

※5：http://www.sumiyoka.net/omuta/akiya/

開している（図3）。2022年9月30日現在、登録数は51件あり、住みよかネットを通じて賃貸借契約が行われた物件は現在18件である。2013年に制度が開始されてからの相談件数や賃貸契約件数を表2に示す。制度が開始されてから、入居の問い合わせや空き家活用に関する相談に関しては毎年一定数あったが、実際のマッチングや制約件数の伸び悩みが課題であった。こちらに関しては、事務局が2021年度より大牟田市社会福祉協議会から、「ライフサポート」へと移ったことで、入居支援から生活支援まで一体的に行えるようになり、マッチング件数や制約件数が大幅に向上している。

そのほか、空き家を要配慮者住宅として貸し出す仕組みの課題としては、登録件数の伸び悩みと、家賃に関する所有者の理解などが挙げられる。登録件数の増加に関しては、空き家所有者への意向調査の結果をもとに所有者へ連絡し、「住みよかネット」への登録を促したり、定期的に開催している空き家相談会の参加者に「住みよかネット」を紹介をすることで対応している。

福祉活用することによる副次的効果

福祉的活用に関しては、住宅確保要配慮者への住宅供給という直接的な効果だけでなく、副次的な効果も生まれている。Kさんの事例を紹介する。Kさんは現在単身で暮らす70代の女性で、15年以上前に自宅の裏手が空き家になった直後から空き家の活用を望んでおり、空き家活用に関する記事をスクラップす

図3　住みよかネットWebサイト

るなど関心が高かった人物である。空き家に関しては不動産業者にも登録していたが、敷地が建築基準法の道路に接道しておらず再建築不可物件であることもあり、買い手も借り手もつかなかった。できれば社会や地域に貢献する形での活用を希望していたところ、居住支援協議会での取り組みを知り、住みよかネットに登録することとなった。登録後すぐに内覧が2件あり、登録後約1カ月で入居者が決定、現在30代の子育て世帯が入居をしている。

空き家だった期間は15年以上であったが、入居後の建物の不具合に関する修繕等に関しては、「ライフサポート」が仲介して対応することで円満に解決している。例えば、入居時に汲み取り式だった便所の簡易水洗化や給湯機の設置などは入居者が実施した。家賃などの交渉も同様であり、Kさんの負担にはなっていない。

Kさんの事例では住宅確保要配慮者への住宅確保だけでなく、賃貸している空き家がKさんの自宅の裏手にあることで、家賃を手渡しするため入居者とは毎回顔を合わせている。今では何かあればすぐに声かけができる関係が築かれており、入居者が出産した際には赤ちゃんの顔見せが行われるなど、疑似家族的なつきあいに発展している。実際に、当時存命だったKさんの夫が自宅で倒れた際には、入居者がすぐ駆けつけるなど緊急時の対応が行われた。Kさんは「何かあってもすぐ対応してもらえ助けてもらっている」と話しており、安心や見守りにつながっている。当初空き家を賃貸することに反対であった県外で暮らすKさんの子世帯も、今では入居者の存在が安心につながっていると言う。福祉的な活用が空き家の入居者だけではなく、所有者の安心にもつながった例である。空き家と

表2　相談・契約等推移

（2021年度　大牟田市居住支援協議会　事業報告より作成）

年	2013	2014	2015	2016	2017	2018	2019	2020	2021
入居相談	0	0	43	59	58	68	48	65	116
建物相談	0	0	23	29	26	24	13	10	83
その他	0	0	19	0	9	14	14	9	27
マッチング	0	3	7	9	8	4	2	4	23
制約件数	0	1	4	5	4	2	1	2	10
入居世帯数	0	0	5	10	14	11	11	13	18

所有者の家の立地にもよるが、うまく活用すれば家族のように助け合って暮らす相互扶助的な関係構築も可能であると考える。

居住支援協議会の取り組みは、中古住宅市場では活用ができなかった空き家を活用可能にしたこと、福祉的な活用を行うことで福祉にかかる公費負担軽減の可能性を示していること、入居者だけでなく、所有者の居住の安定に寄与する場合もあることなどが先駆的である。

前述した通り、他の地域の居住支援協議会が行っている支援は、その多くが既存の賃貸住宅への入居支援である。大牟田市の事例のように、空き家を登録資源化し、福祉活用している協議会はほとんどない。

Kさんのように社会貢献意識が高く、空き家を有効活用してもらいたいと考えている層は少なくない。ただし、労力やコストはあまりかけたくないことや、トラブル等の発生を懸念して積極的に活用する所有者は少ない。そのような層へ働きかければ、活用できる空き家はさらに増えるはずである。全国的にこの方式が広がれば、空き家の解消と福祉的な課題解決の選択肢が広がるだろう。地域課題解決の一助となる仕組みと言える。

3 ― 地域住民が行う空き家対策「羽山台空家対策プロジェクト」

次に、空き家問題を地域住民が解決する活動として、「羽山台空家対策プロジェクト（以下、羽山台プロジェクトとする）」を紹介する。羽山台プロジェクトと、前項で紹介した居住支援協議会は独立した組織であり直接の協力はないが、居住支援協議会が開催するセミナーな

※6：大牟田市・みやま市・荒尾市の不動産業者及び協力業社約30社が加盟している団体。大牟田市居住支援協議会の構成団体の一つ。不動産無料相談会や相続に関するセミナーなどを実施している。2018年からは大牟田市と連携協定を結び、空き家および空き地等に対する無料相談窓口を開設、ワンストップで相談を受け付けている。

どにプロジェクトメンバーは必ず参加しており、また、羽山台プロジェクトの活動により、空き家所有者が空き家の賃貸や売却を希望した場合には居住支援協議会の構成団体の一つである「ありあけ不動産ネット協同組合」※6が対応するなど、間接的にプロジェクトの活動が支えられている。

羽山台は大牟田市の北東部に位置する小学校区で人口約6千人、2022年10月1日現在の高齢化率は33・6%である。新興住宅地が多い地域ではあるが、近年空き家が目立つようになってきた。そこで、羽山台では羽山台プロジェクトを立ち上げ、地域住民自らが地域の空き家対策に乗り出している。プロジェクトの運営母体は「羽山台校区まちづくり協議会(以下、まち協とする)」である。

プロジェクト設立のきっかけ

設立のきっかけは大牟田市が制定した空き家管理に関する条例である。羽山台プロジェクトの中心メンバーは、自身が住む地域で空き家が増え、荒れた家屋が増えていく現状に強い危機感を覚えており、空き家をなんとか予防できないかと常々考えていた。空き家管理の条例が制定されることを知り、市に意見を送った際に、空き家対策のモデル地区選定を計画していた市の担当者と知り合い、羽山台プロジェクトが動き出すきっかけとなった。

メンバーの選定と構成

羽山台プロジェクトの活動メンバーは、地域に詳しい人材を中心に構成されている。羽山

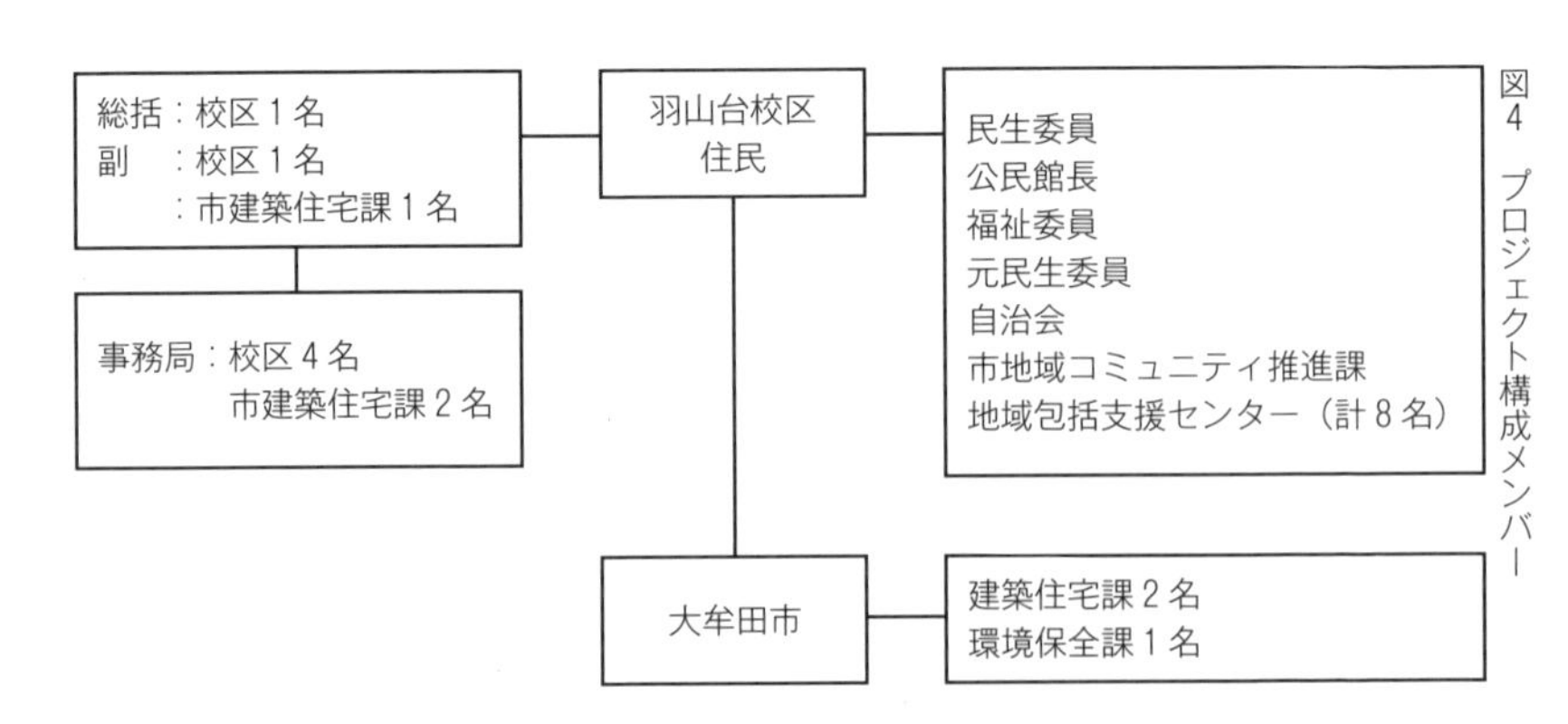

図4　プロジェクト構成メンバー

台プロジェクトの構成メンバーを図4に示す。メンバーは民生委員や福祉委員としての活動を通じて地域住民からの信頼も厚いため、警戒心を抱かれることなく活動が可能となっている。以下、プロジェクトの主な活動内容を紹介する。

空き家台帳の作成と相談受付

まず、プロジェクトの開始時期に地域を実際に歩き、目視で地域内の空き家を確認する活動をした（図5）。プロジェクトではこの活動を「さるく」※7と名付けている。確認した空き家は外観の老朽度に応じてランク分けし、地図上にプロットし、空き家台帳を作成した。その後、校区内を10の地域に分け、1地域に1人地域担当者を配置し、担当者は、各委員などの仕事のついでや、散歩など日常生活の延長で地域を回った際に目視で確認し、変化があれば担当者が都度報告し台帳を更新している。

把握された空き家に関しては、所有者が判明しているものは所有者の意向確認を行っている。意向確認は地域の担当者が電話または対面で実施している。初年度には、空き家と判明した201件のうち所有者が判明した153件に意向確認を行った。なお、所有者不明などで直接連絡が取れない場合は、市と連携し市からプロジェクトへ個人情報を伝える許可を得るため「意向確認に係る情報提供同意書」を空き家のポストへ投函し、連絡が取れるよう努めている。

※7：「さるく」とは、この地域の方言でぶらぶら歩くという意味。

図5　さるくの様子（提供：大牟田市）

10地区の担当者の主な取り組み

・空き家の把握と所有者の意向確認・働きかけ

担当者がそれぞれ自身の役職（民生委員など）による見回りや散歩の際に担当地区の住宅の様子を確認しており、空き家化の兆候や異変は把握可能となっている。また普段から近所付き合いを密にしているため、各地区の活動（子供の見守り、高齢者向けサロンなど）の中や普段の会話からも動向が把握でき、相談や報告を受けることも多いという。他にも、空き家になりそうな家の把握については、民生委員や自治会と密に情報交換を行い把握に努めている。

担当者によって差はあるものの、概ね月1回程度のペースで電話やアンケートによる空き家所有者への意向確認を行っている。定期的な連絡により、所有者自ら空き家の対応を連絡してくる事例も出ている。意向確認の連絡は近所付き合いの一環として連絡先を交換している場合や、民生委員や福祉委員が住民の連絡先を把握している場合は、その人を介して空き家所有者と連絡を取ることが可能となっている。地域活動の経験や地域住民との信頼関係があるからこそ行える取り組みである。

上記の働きかけの結果、初年度には50件の空き家が解消された。例えば、草木が繁茂していた空き家の所有者が、空き家を解体・更地にした上で売却を行った実績や、訪問による働きかけにより、空き家があった土地を駐車場として活用した実績がある。中には、プロジェクトの担当者が地域で信頼されており、「この人が話に来たから」と話を聞いてくれた所有者もおり、それがきっかけで空き家が解消した事例もある。50件の空き家解消の内訳を表3

表3　空き家解消状況

賃貸	売却	除却	その他	合計
17	16	10	7	50

に示す。なお、それぞれの担当者が把握した空き家の情報などは、月1回実施されている会議にて情報共有され、課題を共有した上で今後の対応などが話し合われている（図6）。

・自分自身でできる空き家対策の啓発活動

羽山台プロジェクトでは空き家を防止するために地域住民に対する啓発活動として「住まいるノート」（図7）の活用を進めている。「住まいるノート」には10年後の家族の状態と自宅の状態の予測が記載できるようになっており、家族と話し合いながら記入してもらうことで、自宅の将来を家族で話し合うきっかけを作り、空き家化のリスクを感じてもらうためのツールである。

プロジェクトでは、民生委員と福祉委員に説明会を行った後、校区で実施されている高齢者向けのサロンにおいて「住まいるノート」の説明会を開催している。「住まいるノート」の説明を受けた福祉委員が自宅の相続について娘と相談し、対応を事前決定するなど、成果も上がっている。

4 空き家の福祉活用と地域住民の力による空き家対策

空き家の福祉活用では、市場流通が難しい空き家に関して活用の道が開けることに加え、居住の安定という福祉的課題解決の一助になることで一石二鳥の活用になっている。市場流通が難しい空き家は、状態や立地が必ずしも良好とは言えず、賃貸借契約を結ぶ上で修繕や家賃面の課題もある。しかし、大牟田市の取り組みは、居住支援協議会が間に入ることによ

図6　会議の様子　（提供：大牟田市）

って、それらを解決し、活用困難な空き家の資源化を図りながら福祉的課題の解決にもつながるという点が非常に先駆的である。

空き家の増加は、人口減少が予測されている日本では避けられない現実である。大牟田市のような空き家の福祉活用は、本来、活用が困難であり朽ちていくしかなかった空き家を有効な資源として活用可能としている。また入居者がいることで住宅が維持され、空き家のままであれば発生した景観や治安の悪化を防ぎ、良好な地域環境の維持につなげている。地域の維持や福祉の向上にあまりコストをかけれない少人数社会において、低コストで地域を維持できる仕組みの一つと言えるのではないだろうか。

羽山台プロジェクトに関しては、地域住民の手による草の根的な活動が、機動性と速攻性のある持続的な空き家の解消と、空き家化の予防につながっている。空き家所有者への働きかけを地域住民が行うため、不動産関係者や行政が働きかける場合と比較して、所有者が警戒や反発を覚えにくく、空き家問題に対応するきっかけとして大きな効果を上げている。

羽山台プロジェクトは設立から5年を経過した。最近では地道な活動が実を結び地域へも浸透した結果、自ら行動する地域住民が増え、売却時の税金などの相談が増加している。羽山台プロジェクトで保管しているデータを提供すると、相談者が自ら売却を行い結果報告を受けることも多い。羽山台プロジェクトの活動が確実に地域住民の意識を変えている様子が窺える。

また、まちづくり協議会を母体としているため、メンバーは新たに組織されたわけで

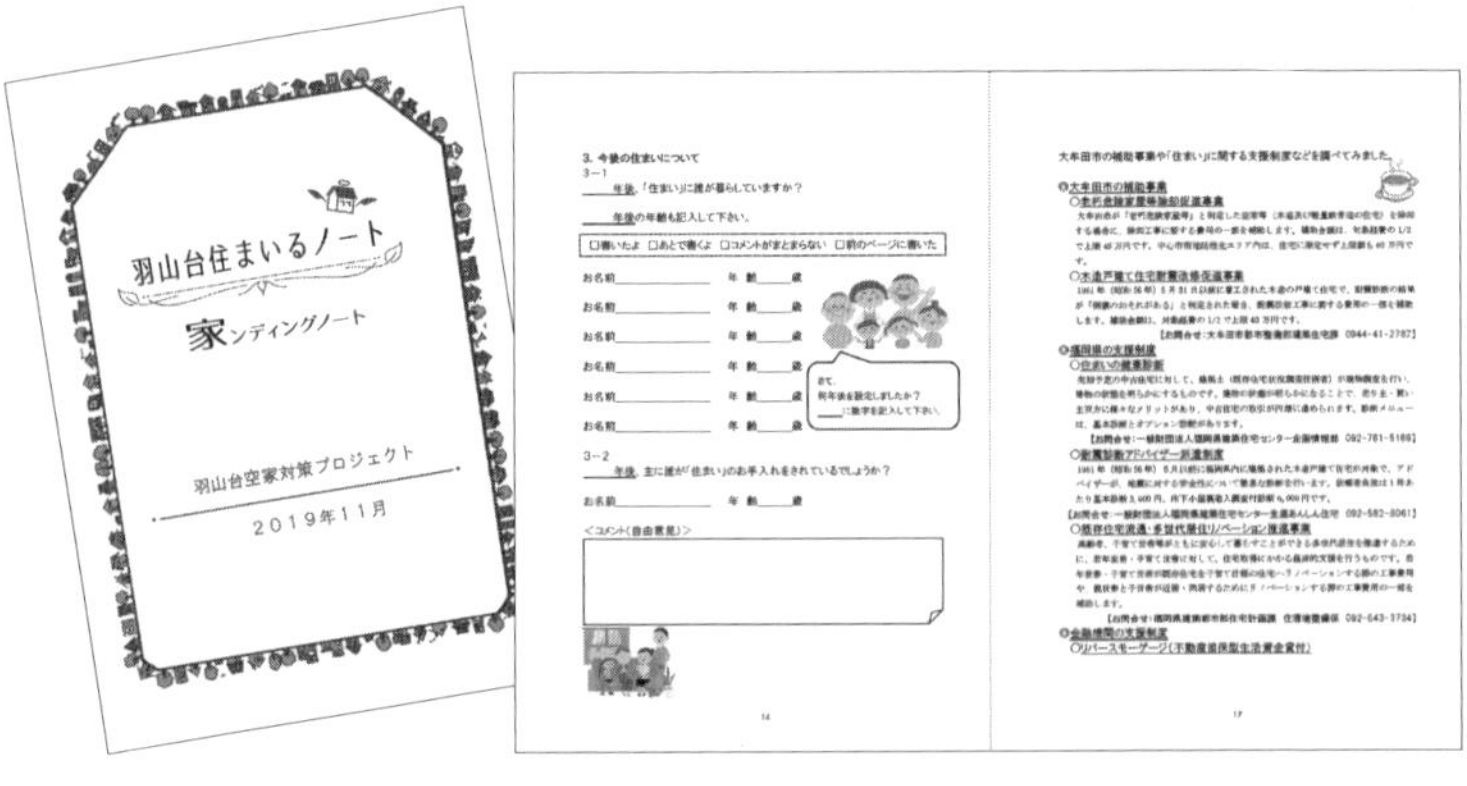

図7　住まいるノート

はなく、各自が持っている地域の役割の中で無理のない範囲で活動をしており、組織も効率的に動いている。既存の組織や地域自治に関する役割などのネットワークを再構築して、メンバーが複数の役割を担っていることが、限られた人数の中で羽山台プロジェクトが上手くいっている理由である。

少人数社会を迎え、担い手が減少する中で既存の組織の枠組みの中で実現できている羽山台プロジェクトは、全国の空き家対策のモデルとなり得る。地域住民が活動の主体となるため、賃貸や売却などの不動産取引の実務への対応は難しいが、そこは居住支援協議会の所属団体である、ありあけ不動産ネットの存在が解消している。草の根的活動が必要な「働きかけ」は地域住民が実施し、その後の専門的な実務は、それをバックアップできる受け皿的組織があれば、効率的に空き家対策が行えることを示した事例である。

4章

自治とネットワークの仕組みをつくる

4・1 島外から関与する仕組みづくりで人口1桁の島を継承する

広島県三原市小佐木島

人口4人

八木健太郎

1 住み継ぐしくみを持続させる

本節は、広島県三原市に属する人口1桁の離島集落における活動の報告である。三原港から高速船で15分ほどの小さな離島・小佐木島は、瀬戸内海のしまなみ景観の焦点に位置しており（図1、図2）、20軒ほどからなる集落がある（図3）。この島には、2010年には8世帯12名が居住していた。その時点で多くの島民の方々は、「この島はあと数年で人がいなくなる」と語っており、この集落が限界を超えているのは明らかだった。小佐木島ではこれまで、島に常時居住しているわけではない二拠点居住者や、島外から集落活動を支援する企業や財団法人等による活動を通して、住み継ぎの可能性を探ってきたが、島で生活する方々が高齢のため相次いで亡くなり、2022年9月現在、島に住民票を置いて生活しているのは3世帯4名となっている。しかし、島のコミュニティとその活動は未だ健在である。

ここでは、島のコミュニティを継承・支援する枠組みとして、公益財団法人、民間のゲストハウス運営会社、島民とその親族・関係者による小佐木島株式会社の三者を取り上げ、こ

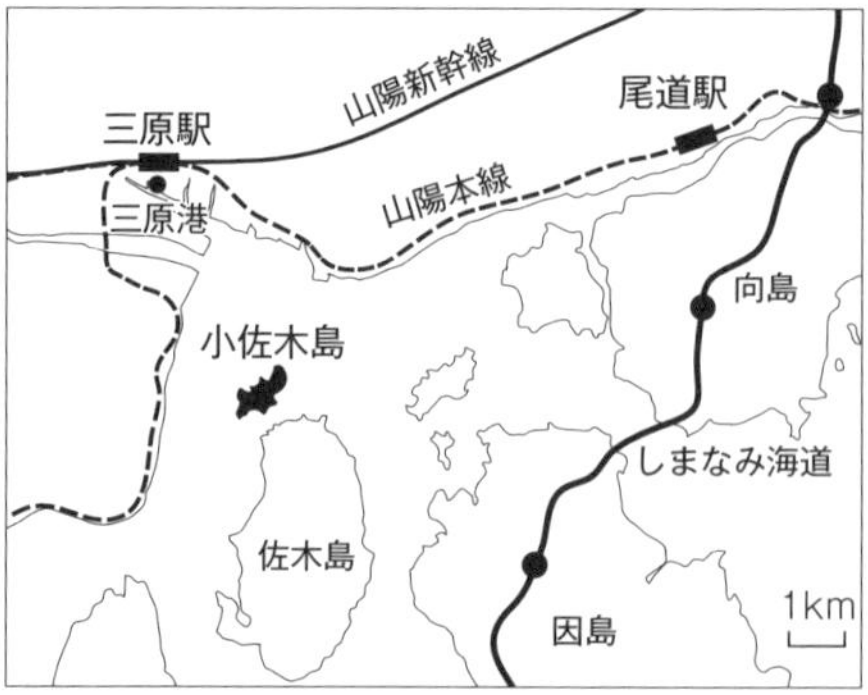

図1 小佐木島の位置

図2 瀬戸内海の多島美景観の焦点に位置する小佐木島（手前）

れらの組織の役割や相互の関係を整理するとともに、その課題と可能性を考えてみる。

2　三つの組織

公益財団法人

2008年に小佐木島の広大な採砂場跡の土地を取得した民間企業は、その社会貢献活動の一環として、継続的に島の集落活動を支援してきた。

こうした社会貢献活動に対する島民からの信頼獲得や、民間で集落を支援する枠組みを持続可能なものとすることを目的として、自然環境保護と里海文化の再生を事業目的の中心に据えた一般財団法人が2011年に設立され、その後、2014年に公益財団法人となった。

この財団では、毎年開催される植樹祭を通して、島を周回する市道沿いに、かつて島民が植樹していた桜を植樹する活動を継続して行っている（図4）。植樹した樹木の維持管理は、後述する小佐木島株式会社の設立以降、同社に委託されており、島の公共空間の維持管理作業に参加する島民や関係者に対して、対価を支払う仕組みができあがっている。

また、この財団は、若い美術作家を職員として雇用し、空き家を再生したアートギャラリー（図5）の維持管理や、財団主催のイベントの運営補助を行いながら、現地で島民として生活し、制作活動を行う機会を提供している。いわば、民間による地域おこし協力隊的な役割を果たす存在であり、極度に高齢化した集落の日常に大きな変化をもたらしている。

図3　みかん畑から島の集落を望む

図4　島の周囲に桜の回廊を復活させる植樹活動

ゲストハウス運営会社

2018年には、集落内の空き家を活用した民間のゲストハウスが開業した（図6、図7）。このゲストハウスを運営するのは、北海道の札幌を主たる生活拠点にしつつ、島にも生活拠点を設けた二拠点居住者の設立した会社である。

ゲストハウスの運営には、しばしば島に滞在して釣りを楽しみ、すでに島民と良好な関係を築いていた複数の釣り人も参加している。彼らはもともと二拠点居住に近い生活を送っていたが、この会社が島に生活拠点を提供したことにより、本格的に二拠点居住者となった。そのうちの1人は、勤務していた会社を退職してこのゲストハウス運営会社の社長に就任し、本土と島を行き来しながら施設を運営している。

また、このゲストハウス運営会社は、島外で島への支援者を増やす役割も担っている。島のファンクラブとも言える組織を設立し、サブスクリプション型のクラウドファンディングのような仕組みを通して、年会費を受け取り、その返礼品「ギフト」として、会員に小佐木島株式会社から仕入れた島の農産物等を定期的に届けることで、島の魅力を伝え、島とゲストハウスを訪問する動機づけを提供している。

小佐木島株式会社

小佐木島株式会社（以下、島株式会社）は、ゲストハウスの開業に際して、島に居住する島

図5　空き家を再生したギャラリー棟BH2。財団職員の居住施設でもある。

図6　空き家を改修したゲストハウス

民、島に住宅や土地を所有する元島民やその親族（第二島民）、釣り人らゲストハウス運営に関わる協力者（第三島民）による共同出資で設立された。

島株式会社設立当初の最大の目的は、ゲストハウスとなる物件を家屋の所有者から賃借し、ゲストハウス運営会社にサブリースする役割にあったと言える。小規模な集落においては特に、集落外の人や組織に不動産を賃貸することに対する抵抗感は無視できない。集落の関係者によって構成される組織が間に入ることで集落側の抵抗感を軽減でき、同時にサブリースとすることで家屋を賃借する側も相続の影響による経営リスクを軽減することができる。

島株式会社は、ゲストハウスの食事で提供される島の農産物等を供給するとともに、ゲストハウスの営業に必要なスタッフを供給する役割も担っており、島内に一定の雇用を生み出している。同時に、ファンクラブの会員への「ギフト」を提供する母体でもある。

また、財団の植樹した樹木の維持管理業務を受託することで、共通の役務としての活動についても、島株式会社を通して参加者に一定の対価を支払う仕組みが形成されている。

集落管理と資金確保の両立をめざして

こうして、集落全体として集落外からの金銭的な支援を受け入れる枠組みができ、公益財団法人やゲストハウス運営会社から収入を得ることで、集落環境を維持していくための様々な活動に対して納得感のある報酬を支払う仕組みができた（図8）。耕作放棄地を協働で耕作地として復活させる（図9）など、若い世代が積極的に島に戻って集落活動に関与する動機を生み出し、二拠点居住化を強力に後押しして、島に再び活気が戻っている。

図7　デイサービスにも活用される食堂

このような仕組みづくりは、本来、集落のルールの見直しによっても可能かもしれないが、大きな手間とエネルギーを要するものでもある。島株式会社という、実質的に集落全体の意思決定を行う新しい組織をつくったことにより、既存のルールを変更する際に必要な手続きを巧みに回避している点は興味深い。

3 コロナ禍から見えた限界と可能性

公益財団法人の活動への影響

財団が毎年開催している植樹祭では、例年100名を超える参加者が島を訪れ、植樹活動を通して島民や関係者と交流する機会を提供していた。しかし、2020年度の植樹祭は中止となり、後日、財団関係者により植樹のみ実施した。2021年度以降は、島民の方々との食事会を省いて規模を縮小して開催されている。島民の方々との交流をはかるという意味では不十分な部分もあるが、植樹した樹木の管理業務は、継続して島株式会社に委託されており、財団と島の方々との協働関係は変わることなく継続している。

また、2019年にはひろしまトリエンナーレのプレイベントとして、島株式会社と協働してアート作品の展覧会を開催しており（図10、図11）、展覧会をきっかけに、島を訪問する機会づくりと、来訪者を迎える機運の醸成を目指し

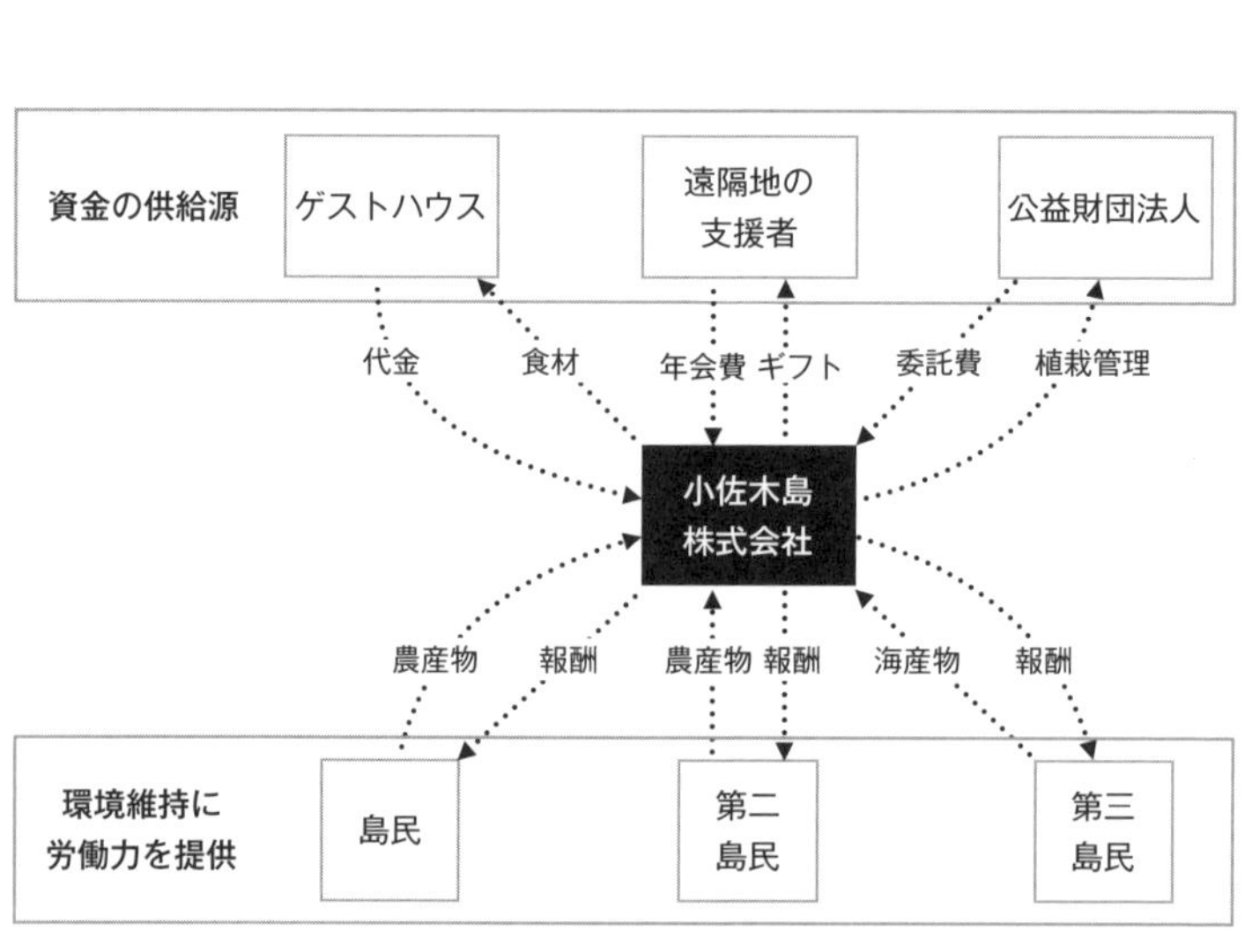

図8　環境維持活動への貢献と資金の流れ

ていた。しかし、ひろしまトリエンナーレは、新型コロナウイルス感染拡大を理由に中止となり、国内外各地から島を訪れてもらう機会が失われてしまった。一方で、感染拡大期において遠方からの来訪者に対する島民の不安は大きく、集落にとっては好ましい判断であったこともまた事実である。

コロナ禍においても、現地駐在の財団職員は継続して集落内で生活しており、特に外部からの往来に対する島民感情を含む集落の状況を把握する上で重要な役割を果たした。

ゲストハウスへの影響

新型コロナウイルスの感染拡大は、開業後ようやく軌道に乗り始めたゲストハウスの営業にも大きな影響を与えている。

島民の方々は、近隣からの宿泊客の受け入れには大きな抵抗はないものの、基本的には遠方からの来島は遠慮して欲しいという意向を持っていることから、宿泊よりもクルージングや釣りを目的とした近隣自治体からの受け入れを主とした営業となっている。

宿泊営業復帰への見通しがなかなか立たない状況ではあるものの、ゲストハウスの運営に関わるメンバーは基本的に三原市内の居住者であり、島との往来に関しては特に大きな変化はなく、コロナ後に向けた新たな仕掛けや企画づくりが継続して進められている。

ゲストハウスの潜在的な顧客であるファンクラブの会員は、そのほとんどが札幌および周辺の居住者であり、遠方からの宿泊者を受け入れられないという状況が続いているが、「ギフト」の送付は続けられており、会員数の減少は小幅にとどまっていることは注目に値する。

図9　果樹園として再生した耕作放棄地

島株式会社の活動と親族の往来

島民が表立って口にすることは少ないが、親族や土地家屋の所有者であっても、遠方からの来島に対する不安感は大きい。盆踊りも2020年は中止となり、大都市圏からの帰省は遠慮して欲しいという思いを強く反映している。島の居住者だけでなく、日常的に本土と島を行き来している二拠点居住者からも、東京や大阪からの帰省については遠慮して欲しいという声はしばしば聞かれた。それでもGOTOトラベルキャンペーンの実施期間中やお盆の前後には、墓参りや家の維持管理のために島を訪問していた人も少なくなかった。ただし、滞在期間中はお互いに遠目に挨拶をする程度で距離を保って接触を避けるといった配慮がなされていた。

その一方で、三原近隣に居住する二拠点居住者や島株式会社の構成員は、コロナ禍においても島と本土の往来の頻度や生活様式は大きく変わってはいない。市内居住者の往来に関しては抵抗感はほとんど感じられず、財団から委託されている樹木の維持管理や、ファンクラブの会員に配送する農作物の栽培や出荷作業のため、しばしば島と本土を行き来している。それでも、盆踊りの中止以外にも、草刈りや神社のお祭など、集落全体として行われる活動や行事については、感染拡大防止のため、規模を縮小あるいは簡略化して行われている。

結果として、人との接触機会は減少しているが、最低限の集落活動は維持されているほか、家屋・土地所有者の来島頻度そのものは、大きく減少はしていない。

図10　トリエンナーレのプレイベントでの展示風景

その他の訪問者や周囲の状況

島の公民館やゲストハウスの食堂を利用して行われてきた訪問デイサービス・食事会などは休止されており、対人コミュニケーションや作業療法に触れる機会がなくなったことは、居住者らの認知機能への影響が危惧される。

以前は多く訪れていた釣り客についても、グループで訪問する釣り客はほとんど見かけなくなっている。島との往来自粛により、近隣のどの航路でも利用客は大きく減少しており、中には廃止や運賃の大幅値上げが検討されている航路も出ている。

コロナ禍の集落支援から見えた限界と可能性

持続可能性を関係人口に依存する集落にとって、コロナ禍での人との接触機会減少は、存続に関わる問題であるが、医療資源が乏しく高齢化の進んだ離島集落においては、接触機会の減少を受け入れる以外に選択肢がない。小佐木島においても、外からの支援が困難になっている部分も当然あるが、公益財団法人やゲストハウスの運営会社、島株式会社を通した集落支援の枠組みは、コロナ禍においても依然として有効に機能している。

たとえば、財団の関係者の島への往来は減少しているが、植樹した樹木等の管理委託契約は財団と島株式会社の間で変わることなく維持され、島の環境維持活動は、島株式会社の方々によって継続して行われている。また、ゲストハウスへの宿泊客も大幅に減少しているが、ファンクラブの会員数もその会費収入も大きく減少することなく維持されており、島の

図11　島の方々との協働によるイベントの企画運営

農地ではコロナ禍前と変わることなく多くの作物が育てられ、収穫された農作物等が「ギフト」として会員のもとに送られ、喜ばれている。

これらの事実は、関係人口を形成するうえで、どのように「人の流れ」「お金の流れ」「ものの流れ」をデザインして関係を築き、そしてその関係をいかに維持するかが重要であることを示している。単に時々遠方からやってきて生活する関係人口がいかに増えたとしても、今般のパンデミックのような事態において、特に医療資源の乏しい離島集落では遠方からの訪問は歓迎されない以上、物理的な人の行き来がなかったとしても維持することのできる関係づくりが求められる。その意味で、外部の環境の変化を柔軟に受け止め「お金の流れ」を維持できる仕組みを用意しておくことは非常に重要である。

本節で取り上げた公益財団法人にせよ、ファンクラブにせよ、必ずしも「人の流れ」を伴う訪問に依存することなく、企業や個人による寄付・出資にもとづく「お金の流れ」を維持できる仕組みが形成されている。そのような資金的な基盤と、集落の環境維持に寄与する活動から得られるリターンを「ものの流れ」として結びつけることにより、集落での労働や生産物に対価を支払うことが可能になり、島外に拠点を移した世代が再び島の集落環境の維持向上に積極的に関与するインセンティブが生まれている。その結果、接触機会の減少による影響を最小限にとどめながら、島での生活の充足感を生み出すとともに、島での生活環境の維持向上が実現している。

また、財団もゲストハウスの運営会社も、ともに島内に拠点をもち、スタッフが集落に常駐もしくは常駐に近い状況を維持していることもまた重要であろう。人の移動が大幅に制約される中で、外部の組織のスタッフが、集落の一員として現地で生活することで、「人の流れ」を生み出すことなく、外部と情報を共有できることには大きな価値がある。

そして、こうしたコロナ禍においてなお集落内外の関係を持続できる枠組みは、コロナ禍が終息し、物理的な交流を回復した際には、一層強固な関係を生み出す基礎となるだろう。

4 住み継ぐものを引き継げるか

それぞれの課題

公益財団法人は、そのミッションの一つとして若手芸術家の育成を掲げており、職員として雇用している作家が独り立ちして島から巣立ってゆくことは本来歓迎するべき成果であるが、それは同時に島で唯一の若い島民が去るということも意味する。そして、2022年の春、7年間小佐木島で生活した1人目の作家が財団職員を退職し、島を離れることになった。財団としては、そのような時がいつか訪れることは理解していたものの、そのための準備や制度は整っておらず、退職の意向を知らされた際の衝撃は大きかった。財団は直ちに後任募集を行い、22年秋から新たな作家を職員として雇用することになったが、集落の一員として溶け込み、長期的に活動できるかどうかは未知数である。

一方の島株式会社は、島民の高齢化が著しく進行していることから、比較的若い世代で島の環境維持に係る意思決定を行い、環境維持活動を進めることが大きな役割の一つである。

ところが、本来であれば島民の方々よりも長期に渡って活動を担うことが期待されていた世代の方々が相次いで亡くなるという事態に陥ってしまった。いずれも社内で中心的な役割を担い、積極的に活動していたメンバーであり、なおさら影響は大きい。結果として、残された一部のメンバーに活動の負担が偏っていることが大きな課題であり、島民の負担を軽減することはできても、支援する側が先に消耗してしまいかねない状況が懸念される。

課題解決に向けて

公益財団法人にせよ、島株式会社にせよ、いわばある種の中継ぎ役として少人数社会を支える仕組みであると言えるが、想定していたよりも早い段階で次の中継ぎ役が必要となる事態に直面しており、どのように継続的に中継ぎ役を確保していくのか、いずれも難しい舵取りを迫られている。

公益財団法人は、新任の職員が島の環境にできるだけ早く馴染めるよう、継続的に支援する予定であるが、新任の職員が実際に島の方々と良好な関係を築くことができるかどうか、長期的に島で活動してもらえるかどうか、直ちに答えが出るわけではない。

それに対して、島株式会社の問題は、直ちに対処しなければならないものではないが、根本的に解決することは困難でもある。島株式会社の構成員は、すでに近隣の自治体に居住する関係者がほぼ網羅されており、構成員を増やすためには、子世代だけでなく孫世代を巻き込む必要があるが、現役世代が集落での活動に関わることには限界がある。

今後の10年に向けた少人数社会のかたち

親世代にあたる島民の方々より先に、その子世代の方々が亡くなってゆく、という事態が示しているのは、血縁関係に依存した中継ぎ役の確保には限界があるという認識のもとで継承策を考える必要があるということである。

公益財団法人に関しては、もともと民間企業による集落支援活動が基礎にあり、島での活動に対する外的要因による負の影響を排除するために財団化したという経緯からも、組織としての持続性についてはある程度担保されている。集落内で生活する常駐スタッフの継承問題も、今回の引き継ぎがうまく実現できれば、その経験が財産となり、持続可能な中継ぎモデルとなり得る。島株式会社についても、今後いずれかの時点で、ゲストハウスの運営で模索されているように、島の関係者以外にも対象を広げて活動を支える新たなスタッフを雇用することは不可避であろう。島株式会社として、一定の収入を確保できるようになったことで、その選択は不可能なものではなくなった。そのような「第四島民」の誕生は、今後の新しい集落のかたちへの第一歩と言えるかもしれない。

こうした少人数社会を支える新しい人材は、マッチングの難しさはあるものの、決して多くの人数が必要なわけではない。それは集落にとっての希望である。10年前、「あと数年で消えてなくなる」と言われていた集落は、少しずつ新しいプレイヤーを内部に巻き込みながら、消えてなくなることなく存続している。次の10年もまた、住み継ぐものを引き継ぐ方法を探りながら、新しい社会のかたちを見せてくれることを期待している(図12)。

図12 海水浴場としての再生を待つ海岸

4・2

若者が新しい感覚で生み出す内・外・世代間の3つのつながり

新潟県長岡市山古志

人口825人

清野　隆

1 中越地震から10年、20年の変化

地域を持続させるつながり

地域が住み継がれるために必要かつ重要なことのうち、本節では「域外の主体のつながり」と「若者の活躍」に焦点をあてる。新潟県長岡市山古志地域（図1）では、2004年の中越地震とその後の復興をきっかけに、地域資源を活かした地域振興が取り組まれてきた。この取り組みは、内のつながり、世代間のつながり、外とのつながりによって支えられ、進められてきた。現在の山古志地域の風景は、村民が域内外のつながりの中で地域資源を活かしてきた日常と言ってよいだろう。震災から約20年が経過し、3つのつながりには変化が生じている。つながりの継続が、地域を維持し、将来を描くためには不可欠であり、3つのつながりはこれからの10年、20年のために刷新されている。内のつながりと世代間のつながりについては、若者たちが地域をリードする動きと取り組みに注目する。外のつながり

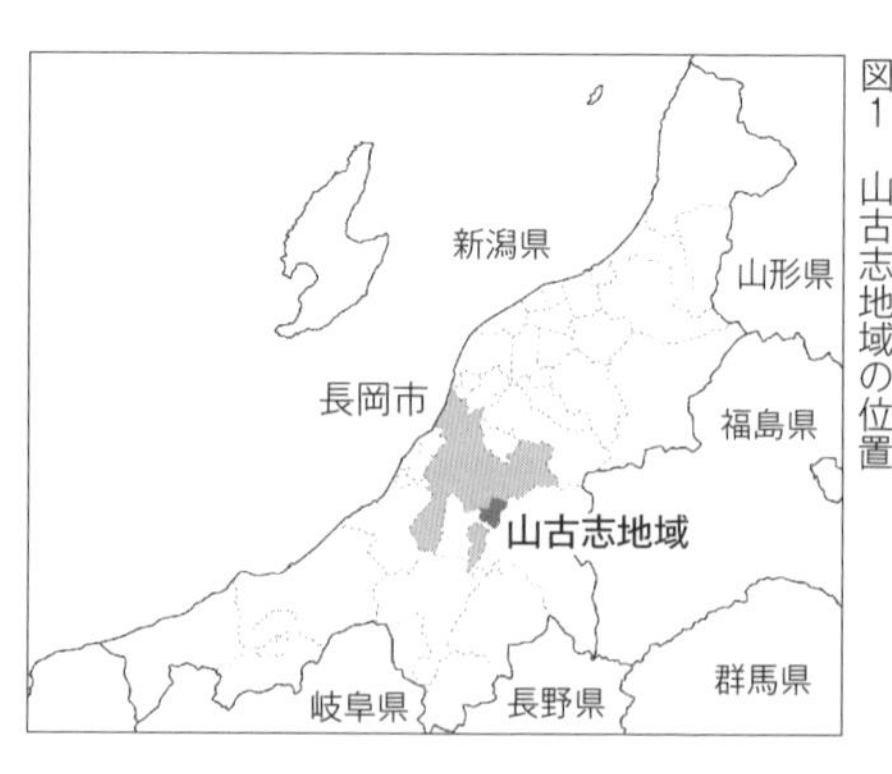

図1　山古志地域の位置

についいては、新しいつながりを創造するために地域組織が試みているデジタル住民票に注目する。域外とのつながりを広げるための新しいつながりのつくり方や地域に貢献する仕組みの可能性を考察したい。

山古志地域とこれまでのまちづくり

山古志地域は、2004年の中越地震で甚大な被害をうけた地域としてよく知られている。斜面地には棚田や棚池が広がり、冬の豪雪がもたらす雪解け水で米作りが行われている（図2）。棚池では、錦鯉が養殖されているのだが、山古志地域は錦鯉の発祥地とされ、海外にもその名は知られている。棚田と錦鯉を養殖するための棚池は、日本農業遺産に認定されている。また、江戸期から伝えられる牛の角突きは、重要無形民俗文化財に指定されている。2022年4月時点で、山古志地域の人口は825人、世帯数は391戸、高齢化率は56.8%であり、いわゆる限界集落に位置付けられる。

山古志地域では、震災後の長岡市との2005年の合併の際に、「山古志住民会議」（以下、住民会議）が設立された。集落や各種組織の代表者や有識者から構成され、旧山古志村の自治や意思決定を担ってきた。長岡市行政や中間支援組織がオブザーバーとして会議体の運営や活動を支援している。住民会議は「やまこし夢プラン」を策定し、震災復興とその後の地域振興をけん引してきた。復興交流館おらたる、農家レストラン、農産物直売所、農家民宿、特産品開発、アルパカ牧場、コミュニティバス、住民ガイド、震災関連の視察受け入れなど、現在見られる取り組みの多くは、同プランに描かれている。また、同プランでは「つ

図2　山古志の棚田の風景

なごう山古志の心」をスローガンに掲げ、内のつながり、世代間のつながり、外とのつながりを重視した地域を目指すことも記されている。2022年から住民会議は主要メンバーの若返りを図り、元復興支援員が代表を務めている。震災復興から現在までの歩みを熟知し、全地域住民と深い関係をもつ若者によって、住民会議の立場や役割は変化しつつある（図3）。

2　外とのつながりを広げる——デジタル住民票

デジタル住民票の発行による新しいつながり

2022年に住民会議は、山古志地域に共感する域外の仲間とのつながりを広げ、深めるため、デジタル住民票を発行した。デジタル住民票は、地域との交流から課題解決への参画など、様々なつながり方が想定された仕組みである。デジタル住民は、オンラインコミュニケーションツールで、村民との交流や地域の課題解決のための議論に参加できる。デジタル住民は、地域のゲストではなく、村民とフラットで対等な関係にある主体として位置付けられている。村民とともに地域の一員として、地域の資源や課題に関わることが目指されている（図4）。デジタル住民票は、NFT（Non-Fungible Token：非代替性トークン）という技術を用い、デジタルアートが施され、複製や偽造を防ぎつつ、保有する楽しさがデザインされている（図5）。

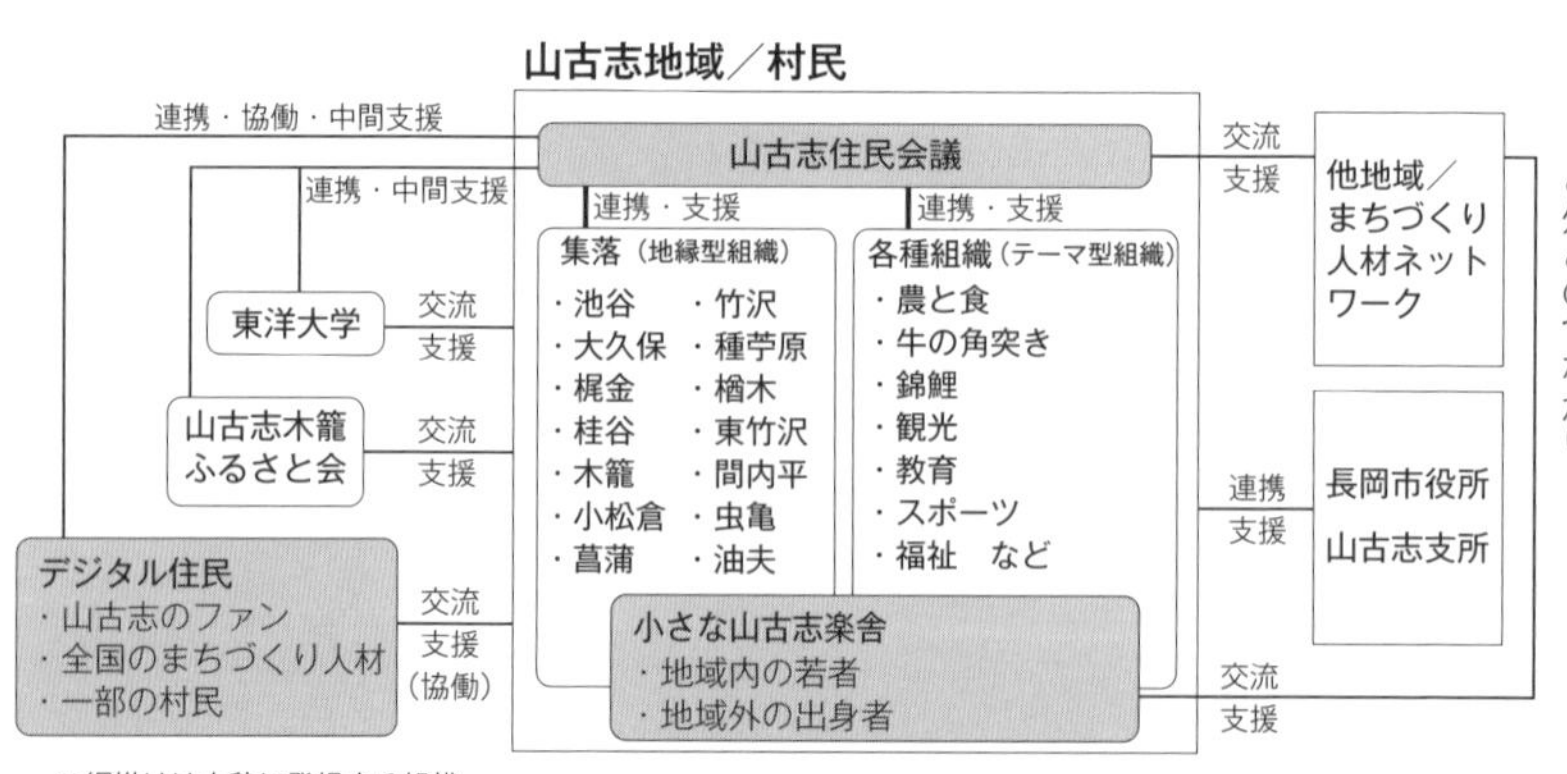

図3　山古志地域の自治やまちづくりの組織と外とのつながり

2022年10月までに、デジタル住民票は1500枚が発行された。デジタル住民票は二次流通が許容されている。二次流通では価格の10%が住民会議にロイヤリティとして支払われる仕組みになっている。はじめの売り上げやロイヤリティの総額は約1500万円で、デジタル住民の活動資金となる。2022年10月時点で、デジタル住民人口は996人（複数のデジタル住民票を保持する人がいるため、発行数とデジタル住民数は一致しない）であり、既に村民の人口を上回っている。デジタル住民票による収益は、基金として扱われ、地域課題解決のプロジェクトのために支出される。デジタル住民は、もともと縁のある人々は少ない。新しいことに挑戦する地域を応援する人々や他の地域でまちづくりや課題解決に取り組んでいる人々がデジタル住民票を購入したそうだ。デジタル住民票の仕組みには、社会貢献に資する資金を提供するファンドレイジングの要素、職業上の専門的な知識や技術を活かすプロボノの要素、居場所ややりがいを発見し、開拓するサードプレイスの要素が見られる。このような特性が功を奏して、住民会議は地域に共感する人とのつながりを新たに獲得することに成功したといえよう。

デジタル住民の地域への関わり

デジタル住民と住民会議メンバーや村民、デジタル住民同士の交流は日常的に展開している。山古志の個性や課題を知り、デジタル住民は地域のために新しいアイデアを提案しあっている。そして、デジタル住民票の発行から約3カ月後、デジタル住民による総選挙が行われた。デジタル住民が提案した多数のプロジェクトから、上位4つのプロジェクトに実施経

図4　デジタル住民票の特徴

新たな地域づくりの可能性

NFTを用いる事で山古志を中心としたボーダレスな関係性を育んだ

フラットな共同体参画

村民もデジタル住民も地域の主体とし、立場や物理的制約を超えた共同体参画が可能

多様な地域参画

デジタル住民票を軸に、複数のユーティリティを兼ね備えることで、多様な地域参画が可能

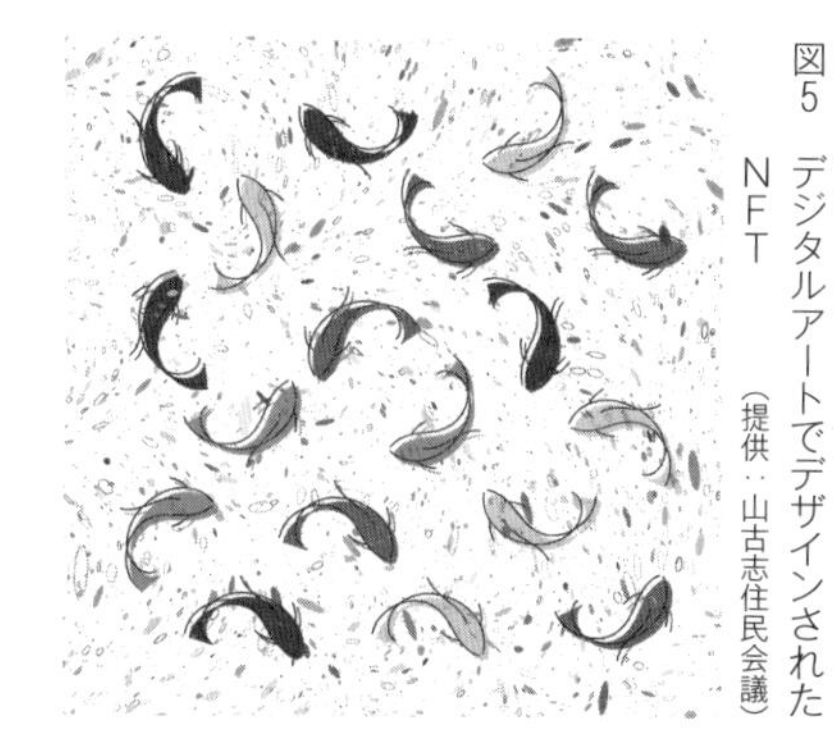

図5　デジタルアートでデザインされたNFT（提供：山古志住民会議）

費を支出するアイデアコンペである。投票の結果、仮想山古志村ワールド作成、地域のPR動画「Yamakoshi Visit」の作成などが選ばれた。仮想山古志村の開発は、メタバース空間に地域が創造され、新しいコミュニケーションツールとして機能する（図6）。デジタル住民は地域の風景に触れながら、デジタル住民や村民と交流できる。仮想空間で感じられる人やもの、場所は、実際の地域に由来する。現実空間では限定的にならざるを得ないコミュニケーションが活発になり、デジタル住民と村民、地域との距離を縮めているようだ。仮想空間と現実空間を連動させるアイデアもあり、実現している。２０２２年10月23日の中越地震追悼式典はメタバース空間で中継され、デジタル住民は仮想空間で村民と時間をともにした。また、仮想空間にマルシェを設置して地域の農産物を販売するアイデアも出ている。

ＰＲ動画「Yamakoshi Visit」は、地域の魅力を発信するプロジェクトである。地域に共感するデジタル住民が、実際に地域を訪問して動画を作成した。集客効果を期待するプロジェクトだが、地域に貢献しようとデジタル住民が訪問していること自体も評価したい。オンラインの交流をきっかけに、地域に足を運び、縁を深めるデジタル住民は少なくない（図7）。なかには、山古志地域内のＮＰＯ法人に就職したデジタル住民もいる。デジタルと現実を自由に行き来する交流は地域のつながりを刷新し、豊かにしている。

まちづくり人材のつながり

このようなデジタル住民コミュニティの活動は、地域への関心を持ち、地域貢献の機会や場を求めている人々が一定数存在することを示唆している。デジタル住民の中には、他の地

図6　インターネット上のメタバース空間に構築された仮想山古志村の一部（提供：山古志住民会議）

域でまちづくりに取り組んでいる人々が存在し、志を同じくする人々がつながり、一つの地域に貢献しようとする動きは注目に値する。さらに、彼らがもつ知識や技術、経験はデジタル住民コミュニティで共有されることも面白い。山古志のための交流は、他地域にも影響を与える可能性がある。実は、デジタル住民票の仕組みは地域外で活動する若手のまちづくり人材とのつながりと協働によって創造された。つまり、創発的なつながりが、まちづくりに進化や刷新をもたらすと期待される。DAO（Decentralized Autonomous Organization：自立型分散組織）と呼ばれる組織形態によって、各地のまちづくりが発展的に展開する可能性が指摘されている。

多様な主体による合意形成

デジタル住民票は二次流通が可能なため、デジタル住民は流動的な存在である。デジタル住民コミュニティの意思決定が、村民や現実空間へ与える影響は予測しきれない部分もある。また、デジタル住民票とそのコミュニティを十分に理解できない村民も存在するだろう。そこで、村民とデジタル住民との交流と信頼関係が鍵を握るに違いない。信頼関係に比例して、デジタル住民と村民とのつながり、現実空間への関わりは広がると思われる。したがって、現実の地域空間で両者が出会い、交流することは、はじめの一歩である。交流で山古志地域への理解が深まると、デジタル住民は村民とともに課題に取り組めるようになる。両者の交流を活発にすることも含め、デジタル住民の仕組みを地域に落とし込むことはこれからの課題である。

図7　山古志地域を訪れたデジタル住民（提供：山古志住民会議）

現時点ではデジタル住民コミュニティの活動は、現実の村民を尊重しながら展開している。前述した総選挙の際、村民へのデジタル住民票の無料配布と総選挙への参加がデジタル住民から提案された。投票の結果、希望する村民にデジタル住民票が配布された。住民会議は長岡市行政や域外からの支援者と地域をつなげ、協働や連携を促す調整役を担ってきた。新しい試みでも、多様な主体との調整がこれまで以上に必要かつ重要になるだろう（図8）。

3 内のつながりと世代間のつながりを結び直す

若者による地域づくり——小さな山古志楽舎

2020年9月に任意団体「小さな山古志楽舎（がくしゃ）」が発足した。地域の若者によって、地域の資源や暮らしを大切にする地域づくりを持続し、かつ刷新しようと「小さな山古志楽舎」（以下、楽舎）は立ち上げられた。地域に居住する子育て世代の夫婦3組6名、復興支援員1名の7名による地域づくりを担う任意団体である。オブザーバー兼監事として長岡市山古志支所が参画している。2022年11月時点で、メンバーは約30名に増加している。

山古志地域の伝統文化や、震災復興経験を伝承する活動——1023山古志の集い

山古志地域では、中越地震の発災日10月23日に「1023山古志の集い」（以下、集い）が開催されている（図9）。中越地震で犠牲になった人々への追悼、地震後の支援への感謝を表

図8　村民とデジタル住民の関係

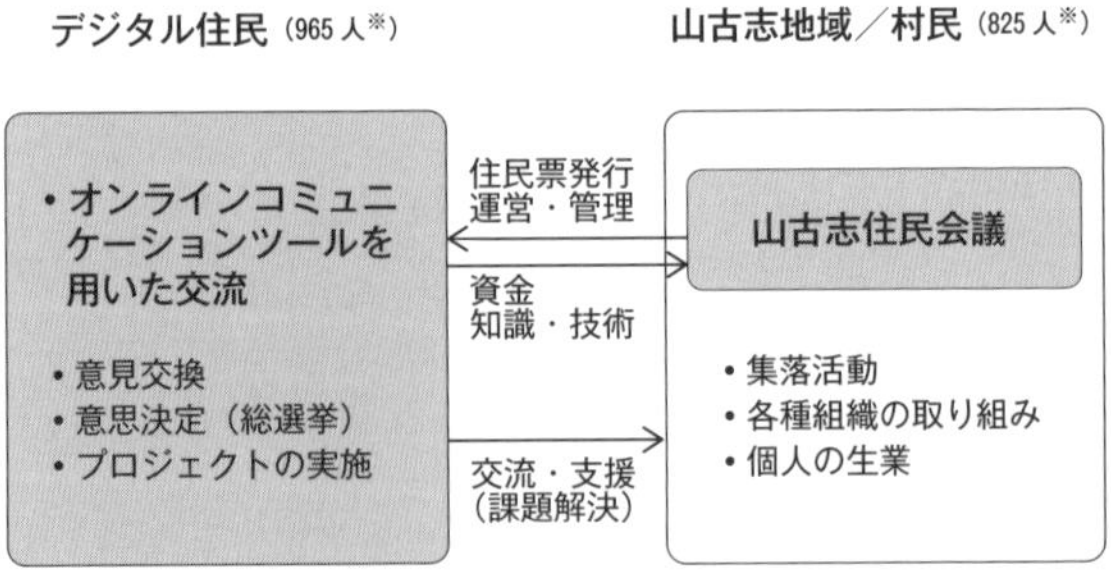

※村民とデジタル住民の人数は2022年10月時点の数字

明する会である。村民は長岡市山古志支所に集まり、日中はマルシェで来訪者をもてなし、地震が発生した夕方に中越地震に想いを馳せ、子どもたちが未来へのメッセージを口にする。

楽舎は、2020年から集いを主催するようになった。メンバーたちは集いが地域の人々が一つになる唯一の機会と捉えており、村民が改めて山古志地域のこれからを一緒に考えるきっかけにしたいという想いから、集いの企画・運営を引き継いだ。はじめて企画・運営する2020年から新型コロナウイルス感染症の影響を受けたが、感染症対策を行い、住民が支所に集まり、顔を合わせる形式を変えずに開催している。メンバーたちは団体設立から集いのあり方を繰り返し議論してきた。そして、2022年には、楽舎メンバーが目指す、住民が住民のために住民の手でつくられた集いを実現できたという。

さらに、楽舎メンバーにとっては、集いが組織や活動をステップアップする機会として実感されたようだ。楽舎メンバーは、集いを一緒に手がける村民と意見交換し、集いへの想いを共有し合い、準備を積み重ねてきた。そのプロセスが重要だったと言える。特に、同世代の若者（転出者も含む）と出会い直したことが重要だった。集いをきっかけに、地域出身の若者たちに地域に関心をもって、地域に関わってもらいたいとの想いから、楽舎は、「山古志サミット」を集いの前日に企画した（図10）。参加した若者たちはそれぞれが抱えながら、言葉にすることのなかった地域への想いを語り合った。楽舎メンバーを含む若者たちが自分の心の中にある地域を振り返ると同時に、同じ世代の仲間たちの同様の想いを確認する機会となった。「山古志サミット」後、若者たちは翌日の集いの会場設営に続けて参加した。小中学生時に確かにあった地域の一体感が生まれていたと楽舎メンバーは話す。楽舎メンバーは

図9　2022年「10・23山古志の集い」の様子（提供：小さなやまこし楽舎）

図10　山古志サミットで語らう若者たち（提供：小さなやまこし楽舎）

小中学生が集いで発する未来へのメッセージにこだわりを持っていた。小中学生と繰り返しワークショップを行い、メッセージを発する意義を問いかけ、メッセージの内容を一緒に考えてきた。

これまでと同様に、来訪者向けのマルシェが開催され、山古志地域内の各種団体が特産品を販売している。新しい面を取り入れると同時に、これまであったスタイルが維持されている。すべての世代の村民が一緒につくり上げている感覚をもてる集いを、楽舎は目指し、成功裡に終わった。このようなプロセスを経た集いを経験し、楽舎メンバーは自信を深めることになった。

山の暮らしが持つ魅力を発信する──情報誌『ラシクラス　山古志で自分らしく暮らす』

楽舎は1年に1回、『ラシクラス　山古志で自分らしく暮らす』と題された情報誌を発行している（図11）。メンバーや住民へのインタビュー記事で地域での暮らしぶりや地域への想いが綴られ、住民目線で地域が発信されている。メンバーが地域のことを考える機会としても大切な意味をもつだろう。今後の企画では、地域の古老へのインタビューが検討されている。地域の暮らしの中にある知恵や工夫を聞き出し、記録したいとメンバーは考え、将来的には全村民から話を聞いてみたいという。市街地から離れた地域での不便さや厳しさを伴う暮らしが、一体どのように営まれ、築かれてきたのか。古老たちに限らず、すべての村民がそれぞれ独自の知恵を持ち、工夫を凝らして日常を生きている。全ての村民の生きざまから学び、地域のことをもっと知りたいという。

図11　情報誌『ラシクラス』

共感し合える仲間づくりと地域を活性化する交流企画

楽舎は、「地域内外を問わず思いを共感し合える仲間づくり」「地域全体の活性化につながる交流企画」を事業に掲げ、新潟県内でまちづくりに取り組んでいる若者との関係づくりを行っている。他地域の活動から学び、自分たちの取り組みを成長させたいと始められた。実際には、他地域から学ぶだけでなく、相互に影響を及ぼし合う関係が構築されている。さらに、他地域でまちづくりに取り組むデジタル住民との交流も生まれている。まちづくりに取り組む若者のネットワークは、各地域の取り組みによい影響をもたらし合うと期待される。

地域を活性化する交流企画として、「虫の会」が実施されている(図12)。「虫の会」は、山の中で白い布に光をあてて昆虫を集め、科学博物館の昆虫博士の解説を聞きながら観察するイベントである。地域の子どもたちの発案で企画され、地域内外の子どもたちが参加している。このほか、長岡市内のアウトドアショップと連携して、「メスティンで山古志のお米を炊こう!」が企画されている。どちらの交流企画も地域の自然を楽しむ考えが基本にある。地域を象徴し、代表する資源だけでなく、若者や子どもたちの目線で評価された資源が活用されている点に特徴がある。これまで注目されにくかった自然を楽しむ交流企画は、住民会議が2016年に実施した「やまこし博覧会」にも既に見られた。フォトツアー、トレッキング、スノーシューハイキング、雪かき体験など、山古志の風景や暮らしの個性を知ってもらう旅行商品が開発された。「やまこし博覧会」では、現楽舎メンバーは地域でおしゃべりしながら、彼らが生産した米、野菜、和牛といった特産品を食べてもらうイベント「山古志

図12 虫の会の様子

の肉と野菜のおはなし」を実施した。リピーターや地域に関わりたい人々を生み出しうる新しい観光が、楽舎や住民会議の発案で創造されている。

山古志のデモクラシー

前述した「やまこし夢プラン」には、地域の特徴として「何百年も続く山古志のデモクラシー」が挙げられている。住民の意見は集落で吸い上げられ、集落の代表者による会議で地域の方向性が定められる仕組みを指している。さらに、自然と対峙する中で培われてきた隣近所との連帯感、安心感、近隣の声かけなど日常的な助け合いの精神を意味する（図13）。

このような自然環境とともにあるデモクラシーは、少人数社会で地域を住み継ぐ場合にも必要である。住民会議の意思決定は山古志のデモクラシーを基礎に展開してきた。楽舎の取り組みも同様だ。楽舎メンバーは一人ひとりが農業、畜産業、養鯉業、飲食業、宿泊業、またはスポーツ、教育、福祉など、地域に欠かせない生業を複数手掛け、棚田、地場野菜、里山、牛の角突き、錦鯉などの資源や村民の暮らしを支えている。このような若者たちが地域を牽引することによって山古志のデモクラシーは継承されるだろう。また、村民とデジタル住民の連携や協働においても、山古志のデモクラシーは欠かせない。デジタル住民による課題解決は、山古志のデモクラシーを基礎に歩むことで地域の信頼を得られるだろう。そして、山古志のデモクラシーに共感できるデジタル住民が山古志地域とのつながりをさらに深めるだろう。

図13　山古志のデモクラシーを育む風景

4 これから20年先へ向けて

中越地震から約20年が経過し、山古志地域は様々な変化を伴いながら、住み継がれてきた。「内のつながり」と「世代間のつながり」を基礎に内発的なまちづくりが展開し、「外とのつながり」によって地域資源の維持は支えられてきた。少人数社会では「内のつながり」と「世代間のつながり」はますます重要になる。地域資源は「内のつながり」によって保たれ、これを活かす知恵や技は「世代間のつながり」によって継承される。もちろん、「外とのつながり」も今以上に必要とされるだろう。その要請にデジタル住民が応えてくれることが期待される。デジタル住民は村民と交流する楽しみだけでなく、村民とともに課題に向き合い、学び、解決するやりがいを求めている。このようなデジタル住民を受け入れるために「内のつながり」と「世代間のつながり」、そして山古志のデモクラシーが不可欠である。3つのつながりが三位一体となって、少人数社会は成り立つ（図14）。

したがって、3つのつながりを重視した若者たちによる取り組みは、これから20年先を見据える際により大きな意味を持つ。地域内の自治とネットワークを強化した上で「外とのつながり」と連携や協働によって、地域に主体的に関わる人材が増え、新しい視点やアイデアがもたらされ、地域資源は持続する。山古志地域の内発的なまちづくりはさらに力を強めるに違いない。

図14 3つのつながりと山古志のデモクラシー

山古志地域
自然（地形・気候・風土）
内のつながり
山古志のデモクラシー
暮らし
共助
協働
協議
自然との応答
生業
伝統文化
土地の知恵
継承
伝承
継承
教育・育成
連携
交流・交歓
交易・交換
支援・協力
世代間のつながり
外とのつながり

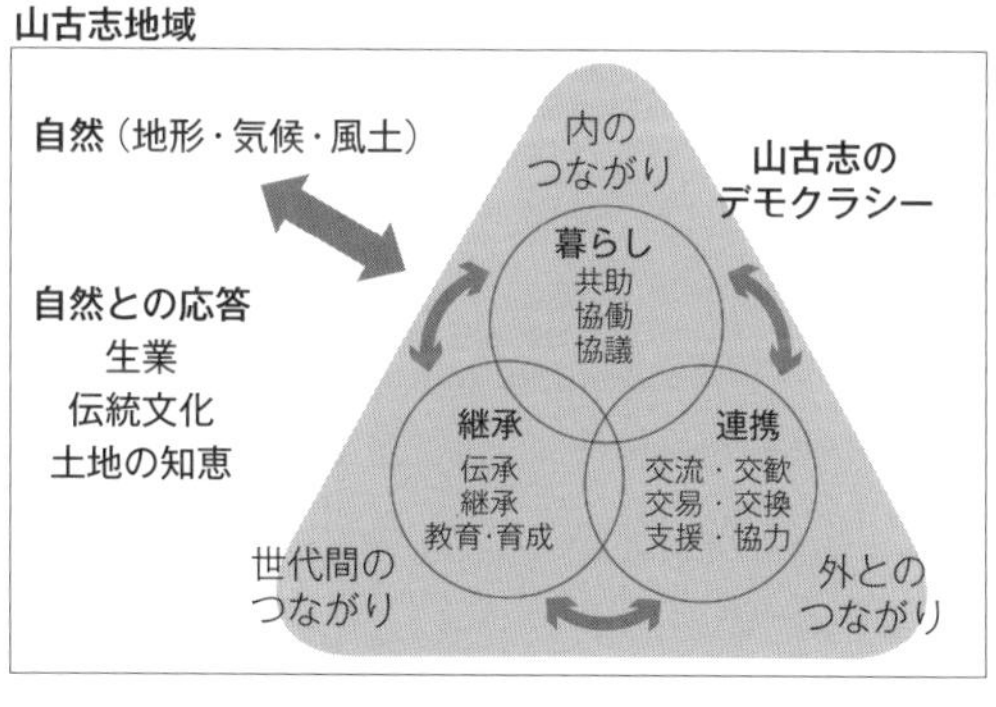

参考文献
・R．T．ヘスター著、土肥真人訳『エコロジカル・デモクラシー——生態的多様性とまちづくりをつなぐデザイン』鹿島出版会、2019
・中村良夫『風土自治——内発的まちづくりとは何か』藤原書店、2021

4・3 少人口・多人数社会におけるネットワーク型自治

香川県まんのう町

人口70名（約40世帯）

田口太郎

1　「人口」と「人数」を分けて考える

本書は「少人数社会」とうたっているが、ここはあえて「多人数」としている。人々の日常的な生活領域が広がり自治体の範域と生活圏に大きなずれが生じていること、市町村合併によって自治体自体も広域化し、単一の自治体の中にも大きな地勢の違いが生じるようになっている。一方で「人口」と称すると「特定地域に居住する人の総数」と言われるように「居住」に重きが置かれている。これまでは居住者は即ち地域の担い手であり、居住者の数が地域の活力を一定程度説明できたが、価値観も多様化している中では居住者＝担い手とはならなくなってきた。一方で、本書で示されている通り、地域づくりの活動主体はもはや「住民」にとどまらない多様な人々（＝人数）なっているのは周知の事実である。故に単純に「少人口」であることをネガティブに考えるのではなく、「少人口」であっても、多人数による地域づくりは十分可能であり、目指すべき方向性の一つと言えるだろう。

政府による「まち・ひと・しごと創生戦略」以降、各地の計画目標の一丁目一番地に「人口」が位置づけられるようになっているが、「人口」と「地域の活力」の乖離にはあまり言及されてこなかった。結局「人口」が増加したとしても、地域で地域づくり活動に参加する「人数」が増えなければ地域の活力は低下していく。人口の総数が増加しても、活動の主力となる〝現役世代〟がいなければ地域の活力は低下していく。改めて「人口」と「人数」を分けて考え、人口減少下でもいかに「人数」を稼ぎながら地域を継承していくか、について論じたい。本節では具体的には超高齢化集落における転出子による集落サポートや、こうした外部人材の活用を含めた地域での連続ワークショップ、および外部人材を活用する地域づくりの可能性について論じる。

2 地方における高齢化と「ネットワーク型自治」

主戦力を失う地域社会

２０２２年は１９４７年生まれから始まる団塊世代が後期高齢者となり始めるタイミングでもあり、地域社会においてこれまで主力として機能してきた層が現実的には引退を始めるタイミングとなる。全国的にはいわゆる「団塊ジュニア」世代が人口構成上の最大勢力となっているものの、過疎地域[※1]に限定すると未だに団塊世代が人口構成上最大である（図1）。また、過疎指定自治

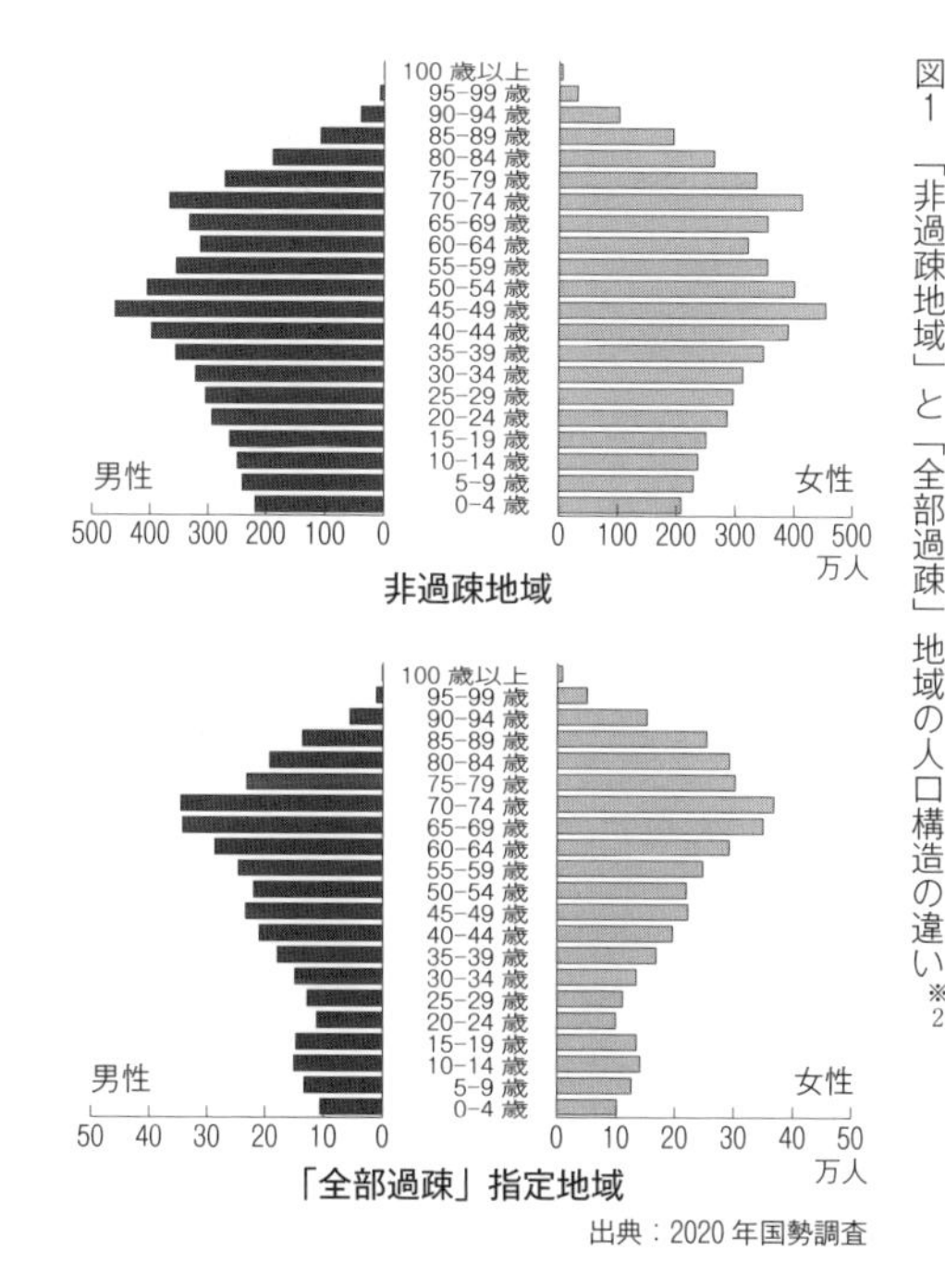

図1 「非過疎地域」と「全部過疎」地域の人口構造の違い[※2]

※1：図1では過疎法において、いわゆる「全部過疎」指定を受けている地域をベースに人口ピラミッドを作成している。

※2：「全部過疎」は過疎法において自治体域全域が過疎地域として指定されている地域（650市町村）で作成。

体と非過疎自治体でも人口構造は大きく異なっており、人口規模に10倍程度の開きがある。過疎地域の人口構成が我が国の人口構成に大きな影響を持つことはないため、どうしても過疎地域の人口構成のいびつさに目が行きにくい。

中山間地域の集落の維持管理に注目すると、これまでの10年と、団塊の世代が戦力とならないこれからの10年では大きく状況が異なってくる。しかし、地域ではこのような状況に対する準備ができていない。特にコロナ禍に見舞われた2020年以降、高齢化した集落では寄り合いや祭事をはじめとした様々な集落行事が中止となり、これが長く続くことによって〝自粛慣れ〟が進んでしまい、コロナ禍前のような活動状況に戻れない地域が続出することだろう。

近接化する都市・農村地域

政府では移住による田園回帰の限界感もあり、2019年の第2期まち・ひと・しごと創生戦略以降、「関係人口の創出・拡大」が新たな重点施策として位置づけられ、各地で〝移住〟から〝関係人口〟へ施策を移行させている。「関係人口」施策についてはその概念の曖昧さもあり、かつて同様の概念として提唱されてきた「交流人口」が陳腐化した結果も含めて批判的意見も多い。一方で先行した概念が提唱された1990年代と比較すると、道路をはじめとした交通インフラの整備も進み、都市部と農村地域の時間距離は大きく縮まっている（図2）。さらにコロナ禍によって急速に広まったオンライン・コミュニケーションやスマートフォンの普及は多様な〝つながり方〟を実現し、空間的近接性が必ずしも地域内外交流

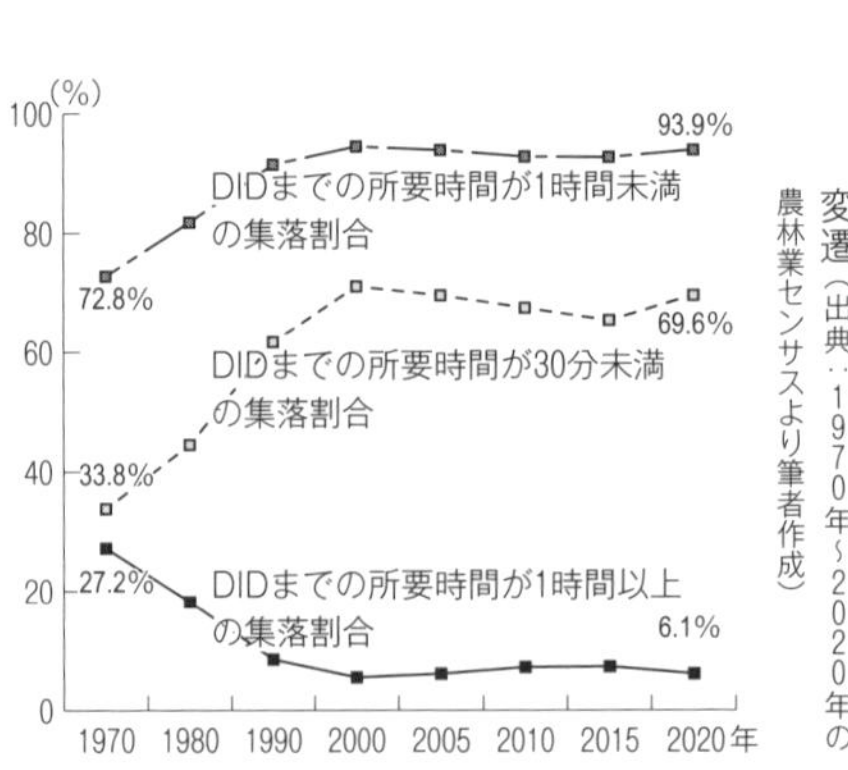

図2 DIDと農業集落との時間距離の変遷（出典：1970年〜2020年の農林業センサスより筆者作成）

の必須条件とはならなくなった。

少人口・多人数社会

近年の地域づくりは「人口」が強く意識されてきた。これはいわゆる「地方創生」の動き自体が地方における人口減少対策の側面を強く持つことにもよる。「人口」では測れない地域の活力をどう見るか、というのは農村計画では古くから議論されてきたが、地方創生によって再び多くの地域が「人口」対策に乗り出し、移住者獲得競争を繰り広げ、移住に限界感を感じとるや「関係人口」という一見新しいフレーズに飛びついてしまっている。しかし、重要なのは「人口減少」自体ではなく、「人口減少によって発生する課題」である。故に、人口減少が進んでもこれまでと同様の地域づくり活動を展開することができたり、人口減少にともなう生活悪化を防ぐことができれば問題はない。

そこで、筆者は「少人口・多人数社会」を提唱している。「人口」が減少しても、地域で活動する「人数」を多く獲得できれば、人口減少下での地域のくらしを維持していくことが可能である。しかし、そのためには人口減少しつつある地域自身が、どのような〝多人数〟を意識して地域の自治を持続させるか、を検討する必要がある。地域では「住民の主体性が低い」「諦め感が広がっている」という指摘が多いが、筆者はそう考えておらず、行政をはじめ外部から地域住民が自覚可能な形での情報提供がなされていないが故に主体的活動が生まれていないと考えている。そこで、筆者が取り組んできた取り組みを2つ紹介したい。

ネットワーク型自治

「関係人口」を始めとした曖昧な概念の施策についても、地域側が戦略的に受入方針を持つことによっては過疎・高齢化によって難しくなった集落維持に外的な人材として「関係人口」を位置づけていくことは可能であり、人口が減少する中でも活動人数を拡大するような「少人口・多人数社会」の形成も可能である。筆者は地域住民を核とした人的ネットワークを形成することで、地域自治の主体を住民から関係人口などの外部人材も含めたネットワークに拡大する「ネットワーク型自治」を提唱している。本節ではネットワーク型自治によって形成される「少人口・多人数社会」を実現するための住民主体の戦略づくりについて紹介したい。

3　人口減少社会における転出子による集落サポート
――まんのう町川奥地区

香川県まんのう町は平成の大合併により旧まんのう町、旧仲南町、旧琴南町の3つの町から生まれている。その中でも旧琴南町の人口減少は深刻で、2016年には旧町内唯一の中学校も閉校し、一層の衰退が進んでいる。こうした旧琴南町の中でも勝川・川奥地区は23集落中20集落で高齢化率が過半となり、最南部に位置する川奥地区では全集落で高齢化率が過半を超えている（図3、図4）。

※3：2016年度、川奥地区および西谷地区の全世帯を対象に悉皆調査を行っている。詳細は※5を参照。

転出子が支える高齢集落

2016年に川奥地域のうち、協力を得られた全世帯に対する悉皆調査※3を行い、集落活動の状況や生活の実態、生活上の不安などを把握した。結果、約半数が子弟からの支援を受けている、あるいは全面的に頼っている状況がわかった。子弟の多くは集落を離れており、高松市や丸亀市に転出した子弟が高齢者の買い物環境を支えていた。また、病院への送迎や敷地内の草刈りなど、生活を維持する上で必要な労力の大半を転出子に依存している世帯も多かった。

転出子が集落維持の上で大き

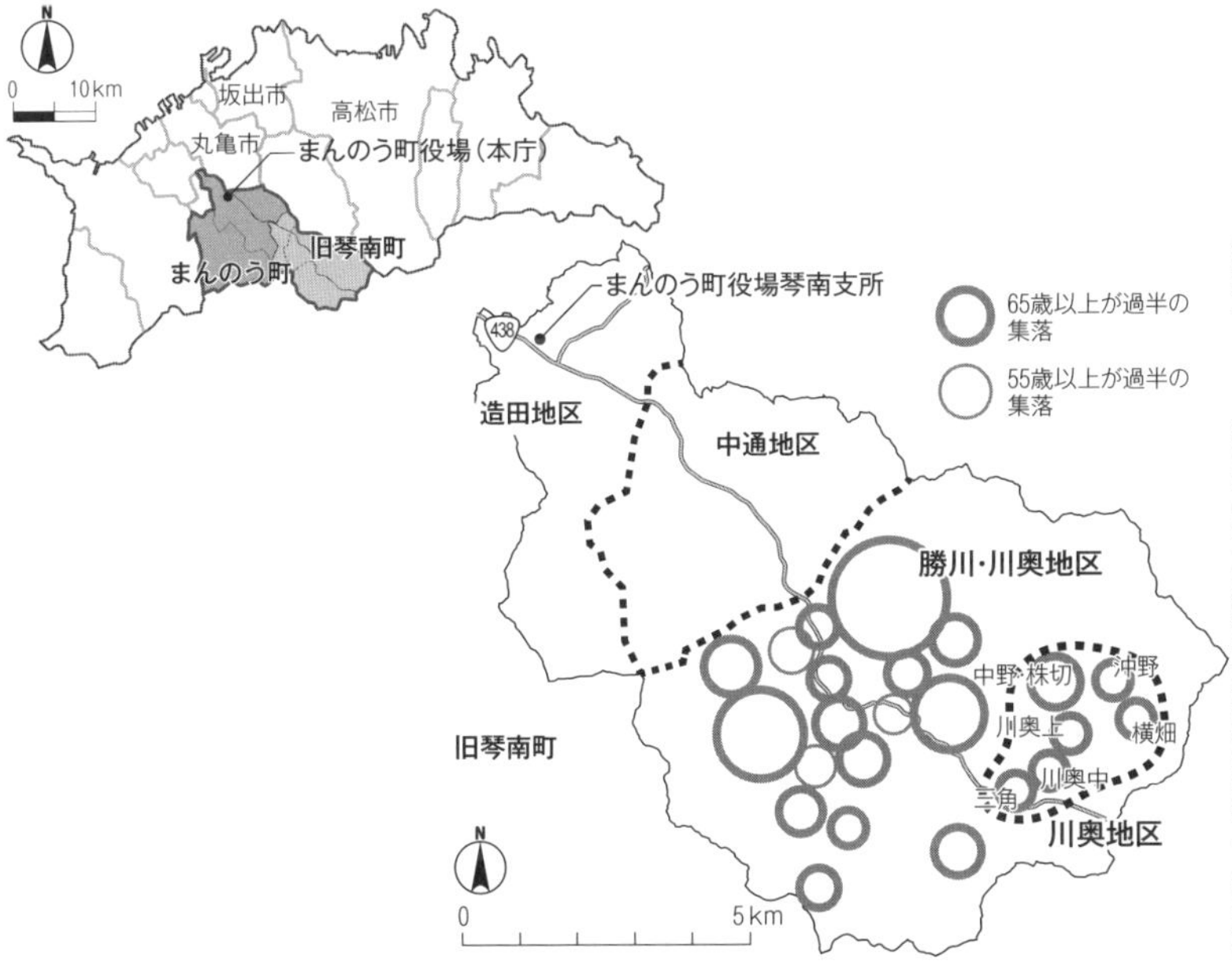

図3 香川県まんのう町旧琴南町、および川奥地区
（出典：2019年にまんのう町役場琴南支所作成資料より筆者作成）

※4：大月敏雄他『近居』学芸出版社、2014

※5：徳島大学地域計画学研究室「旧琴南町川奥、西谷地区集落調査報告書」まんのう町ことなみ未来会議事業業務委託、2017

図4 山間部に斜面地畑が広がる川奥地区

な役割を負っている実態から、転出子弟に対するアンケート調査を実施したところ19名から回答があり、うち13名が実家の様子見や実家の仕事の手伝い等で頻繁に帰省していることがわかった。そのうち6名は集落活動にも参加するなど、集落維持にも貢献していた。帰省時間については1時間程度と答えた回答者が最も多く、大月らが定義する「近居」よりも距離の離れた「中距離居住」※4の中で集落支援が行われていることがわかった。一方で、一定の役割を負っている転出子への負担意識については「仕事との折り合いがつかない」や「家庭の事情でなかなか実家に帰れない」など負担も抱えていた。このように、過疎化の極端に進んだ川奥地区の集落維持において、中距離居住者とも言える転出子が一定の役割を負っているにも関わらず、負担意識もあり、今後の継続に対して課題があると言える。一方で、転出子の将来的な居住可能性については15名中7名が「わからない」と回答するなど、希望はあるがその可能性について不安視している実態がわかった※5。

転出子も含めた集落維持

筆者は地域の自治の担い手を住民から転出子も含めて位置づけ、実家のサポートを行いながら消防団活動も担う転出子による集落サポートの方策を検討するため、定期的に転出子による「転出子懇談会」を開催し、転出子と地域の現状認識の共有を図りながら、転出子による集落支援の可能性を探った(図5)。転出子懇談会は2017年4月から19年9月まで12回開かれ、現実的な支援策について模索が続けられた※6。懇談会に参加する転出子は現まんのう町内や旧琴南町内の市街地に居住する人から車で1時間程度かけて通う人まで多岐に渡

図5　転出子懇談会の様子

※6：転出子懇談会における筆者と地域、行政との検討状況は※7に詳しい。

※7：田中輝美『関係人口の社会学』大阪大学出版会、2021

るが、それぞれ自身の都合に合わせて実家にとどまる親世帯のサポートや農地管理などを実施していた（図6）。

転出子懇談会を通じた検討の結果、買い物や通院といった日常生活への支援には受援者側の抵抗感があり見送られたものの、荒天時などの見守り活動を転出子が担うことを目的とした集落カルテ（図7）の作成を行い、それを定期的に更新することで地域状況の共有を図ることとした。これまでまったく関係性を持ってこなかった外部者ではなく、既に信頼関係が構築されている近隣住民の子弟などであれば、高齢化した地域住民も比較的安心してサポートを受容することが可能であり、結果的に外

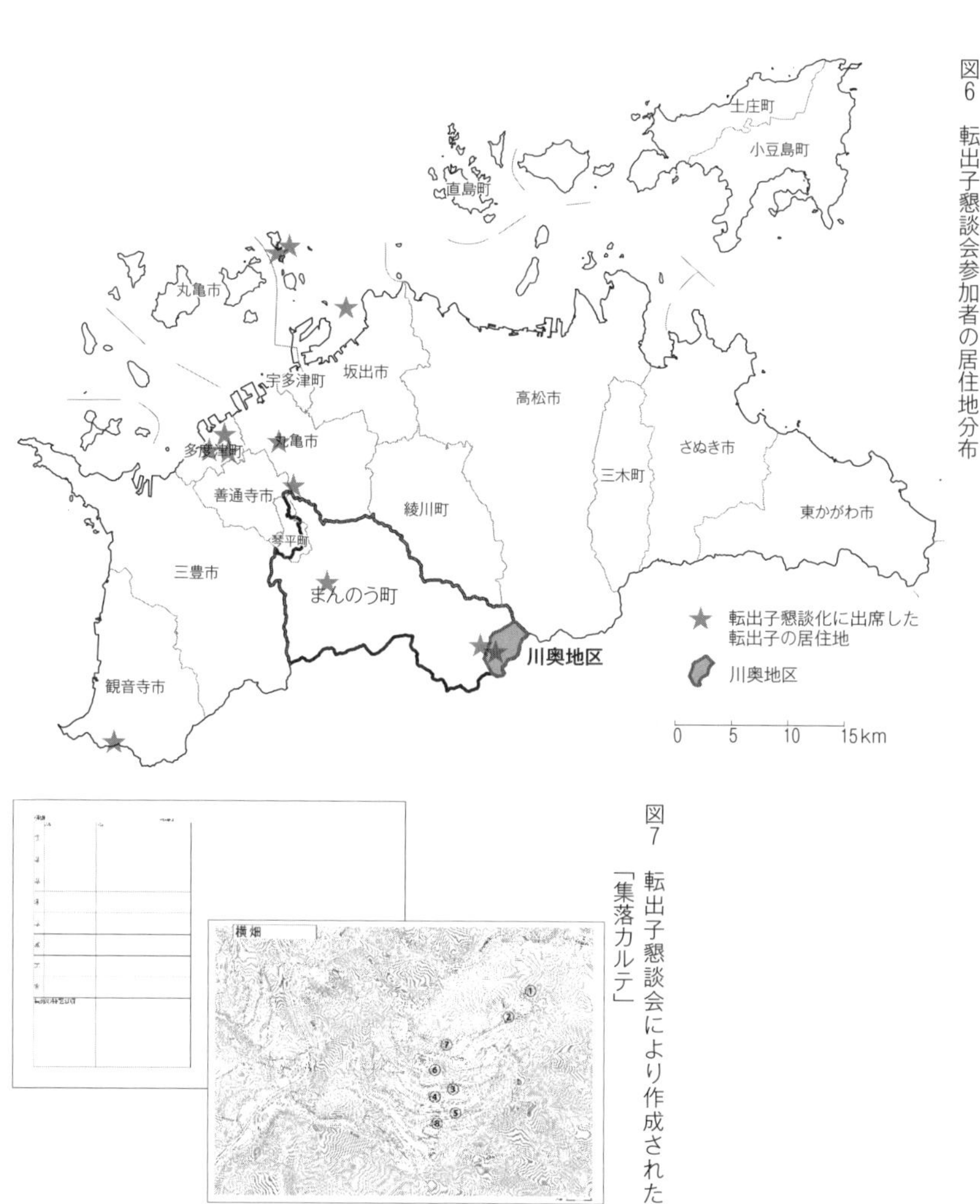

図6　転出子懇談会参加者の居住地分布

図7　転出子懇談会により作成された「集落カルテ」

部人材による集落維持が実現している。

4 地域住民の理解可能な情報デザイン――「先よみワークショップ」の取り組み

地域状況を主体的に可視化する

縮小均衡状態にある集落では行政からの人口減少問題の提起にも関わらず、主体的な活動がなかなか生まれない。これを「諦め」によるものとして、「むらおさめ」の必要性が議論されているという指摘もある※8が、筆者はこれを「諦め感」に起因するものではなく、情報デザインによるものと認識している。つまり、住民がより現実を直視できるような情報が適切に提供されていない現状がある。行政から地域に提供される資料は人口推計などのグラフで示されるケースが多い。これは各地で策定された「人口ビジョン」で多用されている人口推計グラフによるところもあるが、地域住民からすれば人口推計グラフと自身の生活実感を連動させてイメージすることは難しい。単純に統計上の人口が1割減ったとしても、住民個々の日常生活にそれがどのような影響を及ぼすかをイメージすることは多くの読者にとっても難しいことだろう。しかし、前述したような外部支援や移住者の獲得、関係人口に係る活動の戦略づくりを地域が主体となって進める上では、地域住民の現状認識は重要である。

そこで筆者は、地域の現状を統計情報でなく、ワークショップを通じて住民自身が主体的に視覚化することから始まり、現状認識に基づいた上で、地域住民が人口減少により顕在化

※8：作野広和「人口減少社会における関係人口の意義と可能性」『経済地理学年報』Vol.62、pp.10～28、2019

※9：田口太郎「住民による主体的まちづくりを初動させる「先よみワークショップ」の開発」『日本建築学会技術報告集』Vol.25、No.59、pp.315～320、2019

する課題への対応策を検討する連続ワークショップを開発※9、実施している（図8）。このワークショップでは地域の現状と10年後の状況を地図上にプロットすることで、地域の担い手が今後10年でどのように変化するかを可視化するものであるが、そこに「定期的に訪れる親族等」などの外部人材も同時に位置づけることで、これまで地域住民が担うとされてきた地域維持活動を地域外の主体も含めてイメージすることが可能となる。さらに連続ワークショップとすることで、10年後の集落状況に対する対策やその具体的な進め方に至る検討までを行っている。

情報提供や検討プロセスのデザインによる主体性の情勢

「見える化」などの可視化はこれまでも各地で盛んに行われてきたが、結局情報が与えられることにより人々は受動化してしまう。故に本ワークショップでは、簡単な作業で、また〝自分たちの集落〟という目に見える単位での将来推計をすることで、リアリティのある将来状況が描き出される。自らの手による作業の結果として描き出された地域の状況は、地域住民にも事実として受け止められる。こうした地域状況の視覚化から始まる連続ワークショップを一般的なそれよりも速いペースと言える3週間程度の間隔を空けて開催することで、住民の問題意識を高く保ちながら具体的な活動づくりへと至っている（図9）。住民自身が

先よみワークショップの流れ

W.S.01 集落点検	地域の現状と10年後の状況を可視化することで、地域の状況を住民と共有
W.S.02 10年後の課題への対応策の検討	10年後の地域課題に対する今後10年間の必要事項の検討および、実施主体の検討
W.S.03 活動の優先順位づけ、具体化の検討	検討した対応策の優先順位の決定、および優先順位の高い取組の具体的検討

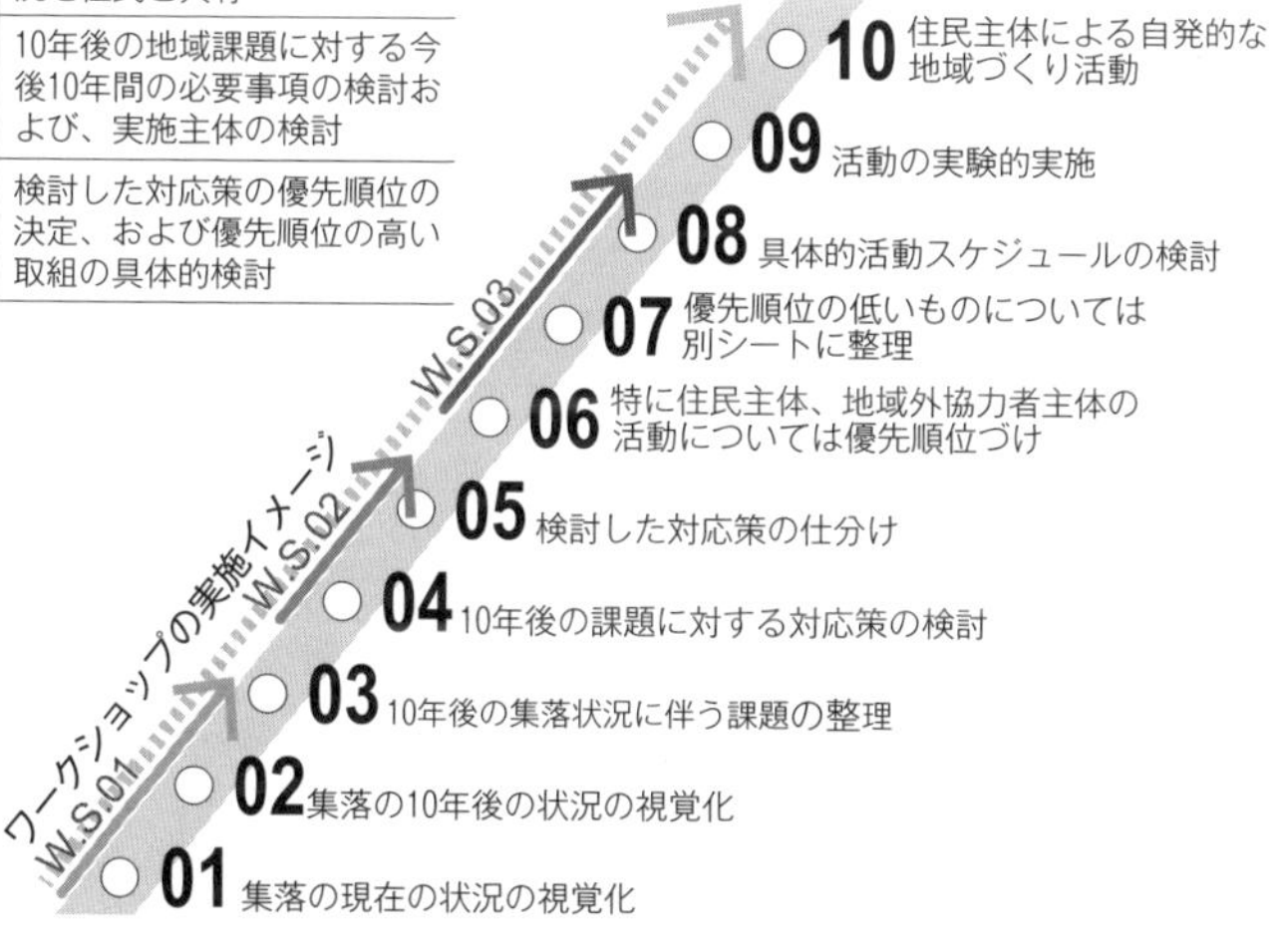

図8「先よみワークショップ」の流れ

「諦め感」を持つことで主体性が芽生えていないのではなく、情報提供のデザインをすることで、住民の理解を得ることは可能で、その結果何らかの活動が生まれることはまだまだある。団塊の世代がリタイアしていくこれからの地域社会で、現実的にどのような活動を生み出しながら将来的な問題に対処していくのか。すぐにでも各地でスタートさせる必要がある。

5 少人口・多人数社会の可能性

今後、我が国の人口は減少し続け、さらに大都市への一極集中が止まることなく進むことを想定した場合、地域社会が自力のみで維持・発展していくことは難しい。しかし、これまで述べてきたように、今日の社会は地域内外の多様なつながりがある。こうしたつながりを地域が主体的に利活用することで、必要に応じた的確な外力の利用も可能となるだろう（図10）。一方で、地方創生の流れの中で都市の側から地域への視線もある。こうした相互作用がある中で、都市側の理屈にのまれることなく、地域を主語としたネットワーク型自治を実現することで人口減少が進みつつも、多人数な社会を形成することは可能だろう。

また、今後普及が見込まれるＩＣＴ技術の活用の場面においても、地域住民のみでの対応から、地域と信頼関係を構築した多様な担い手によるネットワーク型自治を構築することで、地域の豊かな自然環境、社会環境が維持され、それが外部支援者のＱＯＬ向上にも資するような状況を創り出すことで、都市地域と中山間地域の相互補完による持続的な地域づくりが実現すると考えられる。一方で、こうした地域の内発的な取り組みを促すような働きか

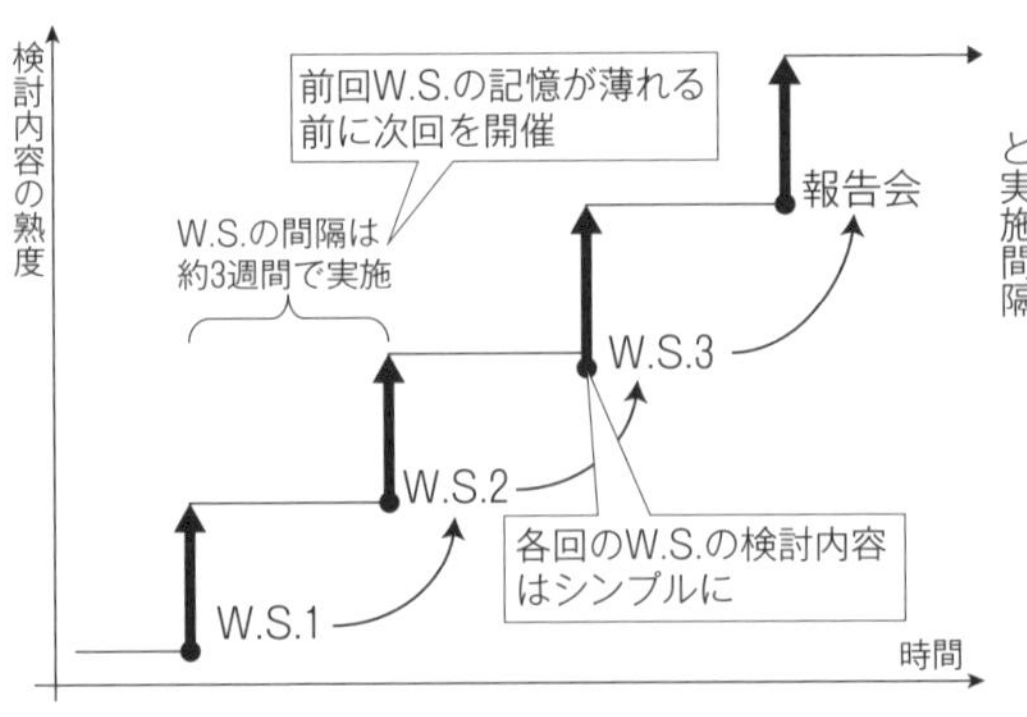

図9 連続ワークショップの各回の中身と実施間隔

けが各地の自治体によって行われていない現状もあり、早急な働きかけが求められる。

今日、国が主導して様々な「人的支援施策」が用意され、こうした施策を利用しながら多くの自治体が不足する人材確保を進めているが、外部人材への過度な依存は結果的に地域の自治力を低下させる可能性もあるため、地域が外部人材をどのように利用していくのか、という戦略が求められる。「地域おこし協力隊」を始めとした外部人材を、その特徴を活かしながら地域づくりのどのフェーズで導入していくのか、地域が主体的に思考し、導入していくことが必要だろう。近年各地で取り組まれている「関係人口の創出・拡大」にむけた取り組みについても同様に、地域の現状を踏まえた活動が必要であり、その活動に適した外部人材が求められる。地域づくりのフェーズは各地でバラバラであるが故に、単純な成功事例の踏襲から、それぞれの地域づくりフェーズに適した人的支援を検討していくことが重要だろう。最後に図11として、関係人口に限らず多様な人的支援の施策を地域づくりのフェーズに位置づけたものを示す。

まず、上に縦軸を「地域の自治力」、横軸に「時間・地域づくりのフェーズ」をおいた大きな地域づくりの流れを示している。そこにある「足し算の支援（生活補完型支援）」「掛け算の支援（価値創造型支援）」とは、2004年に発災した新潟県中越地震被災地での復興支援から見えてきた、地域づくり支援の大きな変化である。これまで地域づくりの動きがなかったところにいきなり価値創造型の支

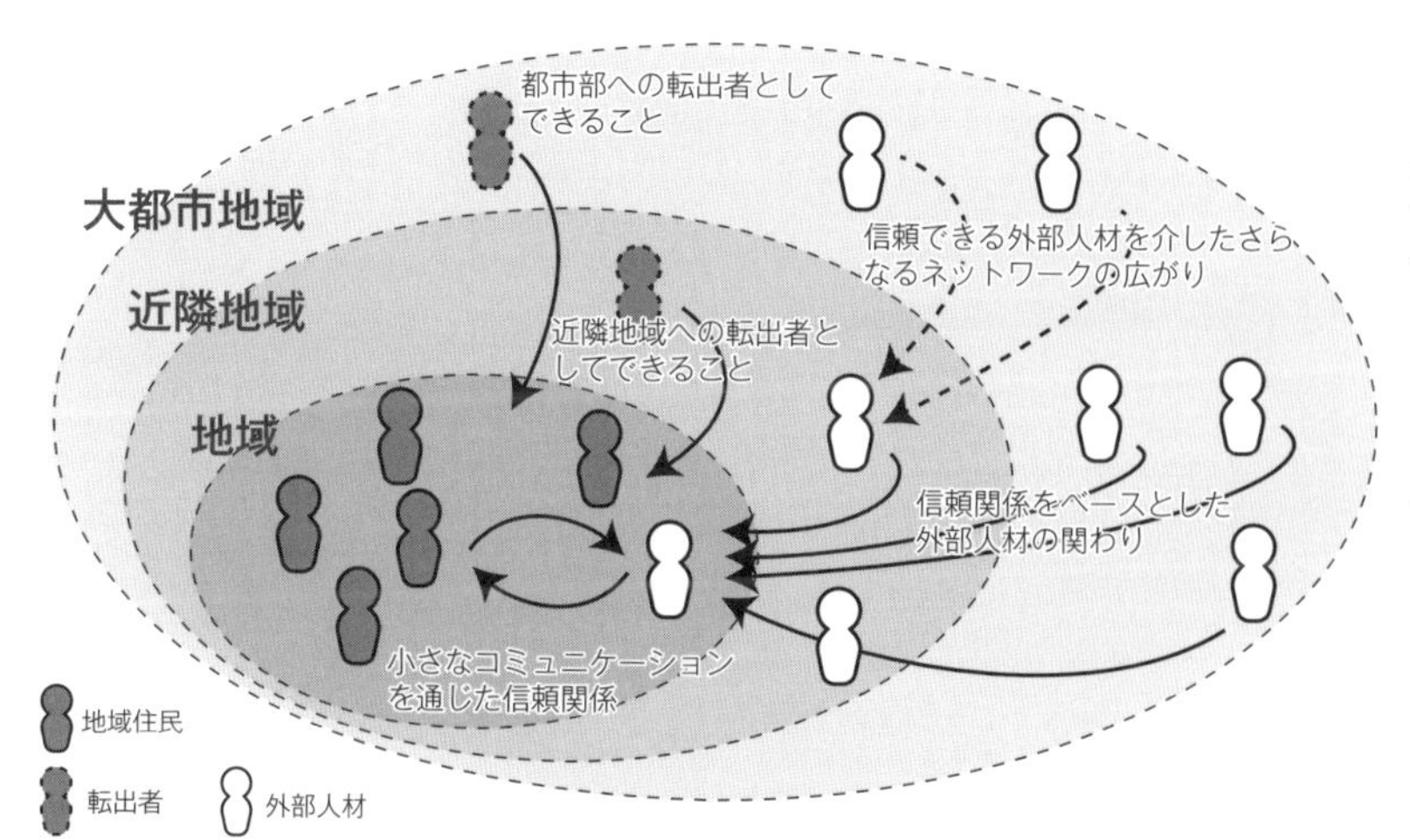

図10　信頼関係をベースとしたネットワーク

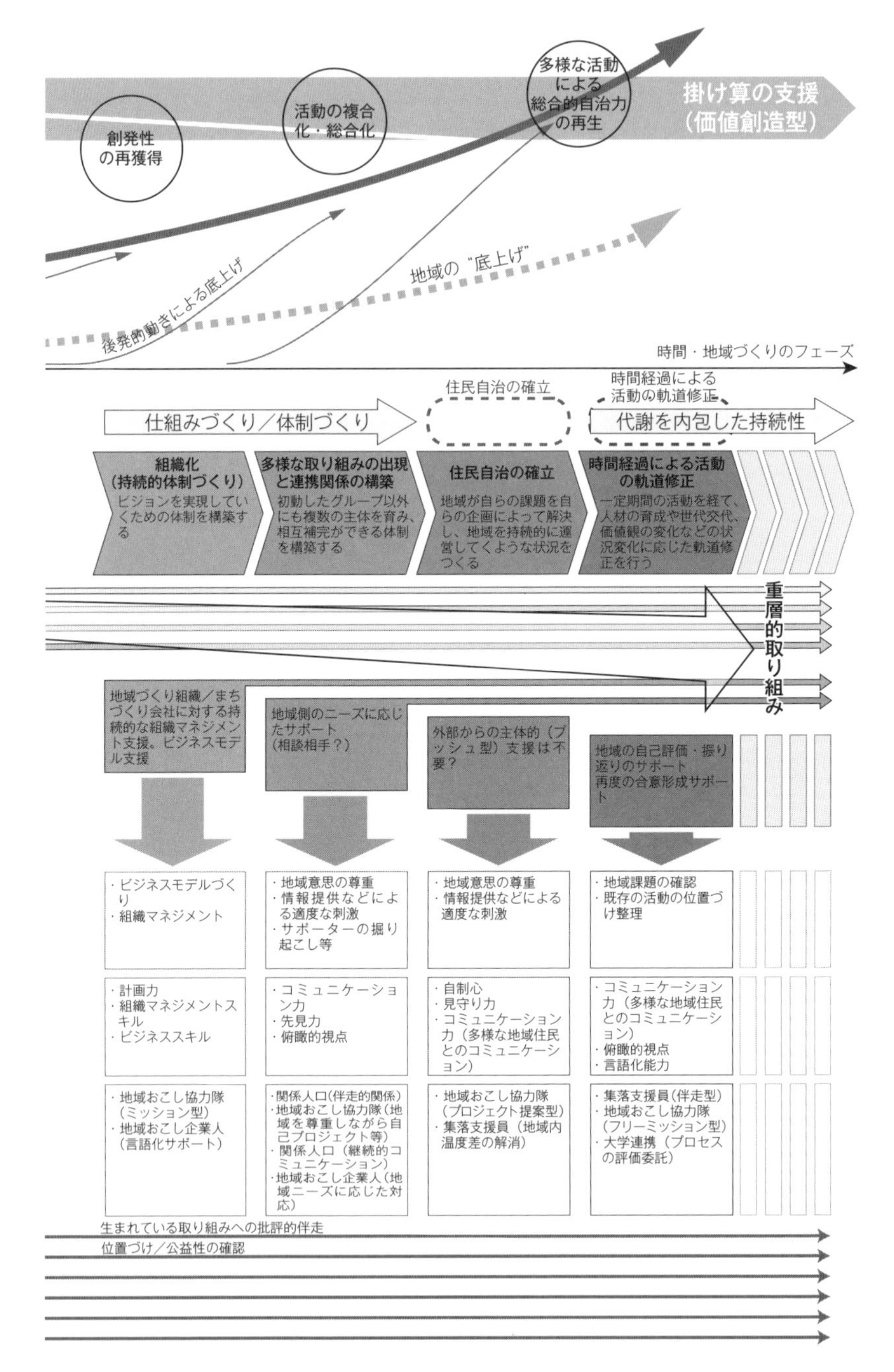

図11　地域づくりのフェーズと人的支援の関係

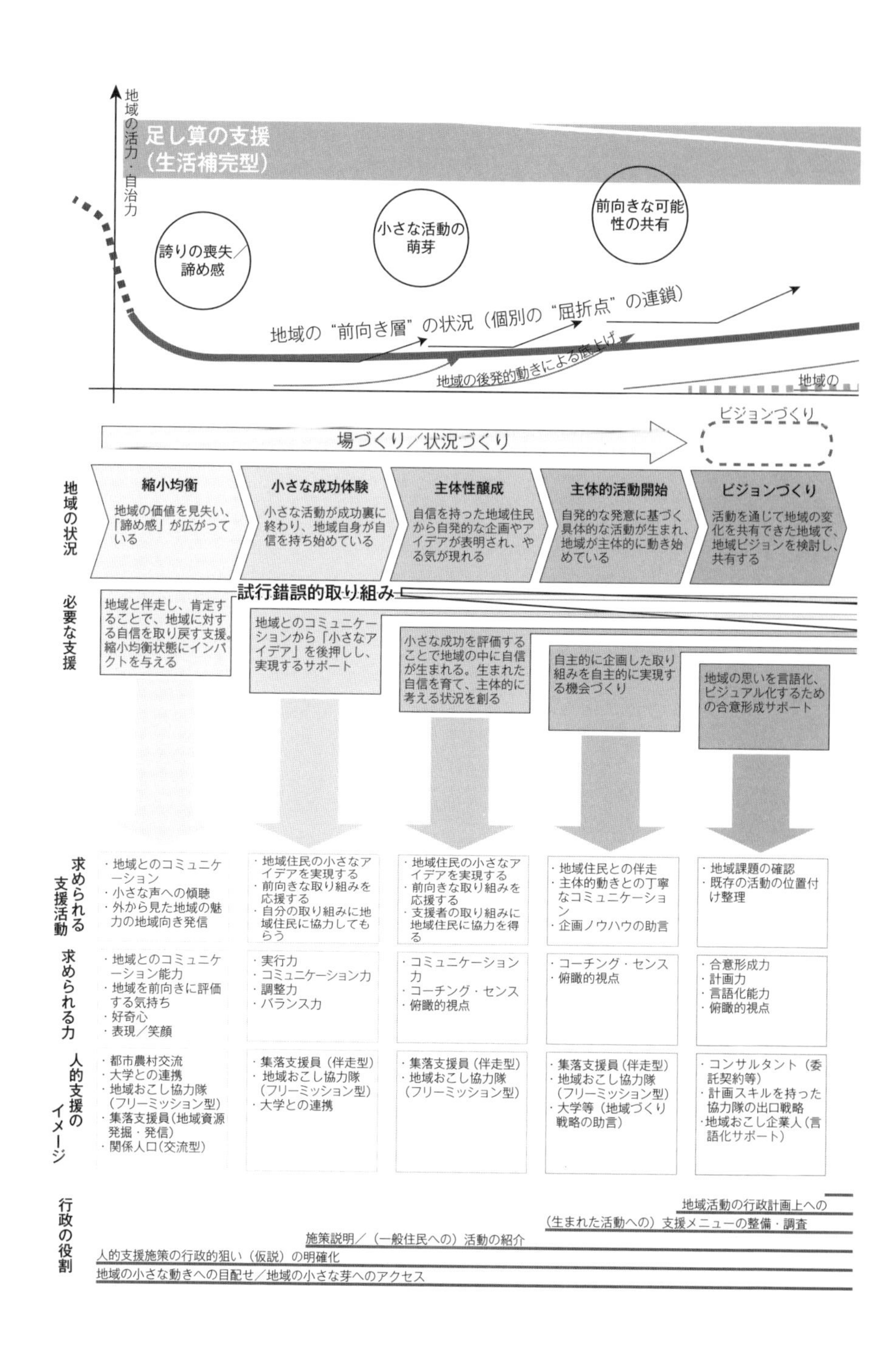
地域の活力・自治力
足し算の支援
（生活補完型）
誇りの喪失／諦め感
小さな活動の萌芽
前向きな可能性の共有
地域の"前向き層"の状況（個別の"屈折点"の連鎖）
地域の後発的動きによる底上げ
地域の
ビジョンづくり
場づくり／状況づくり
地域の状況
縮小均衡
地域の価値を見失い、「諦め感」が広がっている
小さな成功体験
小さな活動が成功裏に終わり、地域自身が自信を持ち始めている
主体性醸成
自信を持った地域住民から自発的な企画やアイデアが表明され、やる気が現れる
主体的活動開始
自発的な発意に基づく具体的な活動が生まれ、地域が主体的に動き始めている
ビジョンづくり
活動を通じて地域の変化を共有できた地域で、地域ビジョンを検討し、共有する
試行錯誤的取り組み
必要な支援
地域と伴走し、肯定することで、地域に対する自信を取り戻す支援。縮小均衡状態にインパクトを与える
地域とのコミュニケーションから「小さなアイデア」を後押しし、実現するサポート
小さな成功を評価することで地域の中に自信が生まれる。生まれた自信を育て、主体的に考える状況を創る
自主的に企画した取り組みを自主的に実現する機会づくり
地域の思いを言語化、ビジュアル化するための合意形成サポート
求められる支援活動
・地域とのコミュニケーション
・小さな声への傾聴
・外から見た地域の魅力の地域向き発信
・地域住民の小さなアイデアを実現する
・前向きな取り組みを応援する
・自分の取り組みに地域住民に協力してもらう
・地域住民の小さなアイデアを実現する
・前向きな取り組みを応援する
・支援者の取り組みに地域住民に協力を得る
・地域住民との伴走
・主体的動きとの丁寧なコミュニケーション
・企画ノウハウの助言
・地域課題の確認
・既存の活動の位置付け整理
求められる力
・地域とのコミュニケーション能力
・地域を前向きに評価する気持ち
・好奇心
・表現／笑顔
・実行力
・コミュニケーション力
・調整力
・バランス力
・コミュニケーション力
・コーチング・センス
・俯瞰的視点
・コーチング・センス
・俯瞰的視点
・合意形成力
・計画力
・言語化能力
・俯瞰的視点
人的支援のイメージ
・都市農村交流
・大学との連携
・地域おこし協力隊（フリーミッション型）
・集落支援員（地域資源発掘・発信）
・関係人口（交流型）
・集落支援員（伴走型）
・地域おこし協力隊（フリーミッション型）
・大学との連携
・集落支援員（伴走型）
・地域おこし協力隊（フリーミッション型）
・集落支援員（伴走型）
・地域おこし協力隊（フリーミッション型）
・大学等（地域づくり戦略の助言）
・コンサルタント（委託契約等）
・計画スキルを持った協力隊の出口戦略
・地域おこし企業人（言語化サポート）
行政の役割
地域活動の行政計画上への
（生まれた活動への）支援メニューの整備・調査
施策説明／（一般住民への）活動の紹介
人的支援施策の行政的狙い（仮説）の明確化
地域の小さな動きへの目配せ／地域の小さな芽へのアクセス

援を持ち込んだところで、地域住民の感覚と大きく乖離してしまい、なかなか機能しない。故に地域づくり活動のスタートは、地域住民との伴走をはじめとした生活補完的な取り組みを通じた地域との関係づくりから始める必要がある※10。この大きな支援の変化の中で地域はいわゆる「諦め感」が広がった状態から少しずつ主体性を育み始め、最終的には、多様な主体による自治へと進んでいく。

しかし、現実の地域の住民間に大きな温度差がある。地域や地域づくりに対して前向きであったり、積極的である層と、悲観的であり、消極的である層である。どうしても「キーパーソン」などの積極的な層による活動が地域づくりとして着目されるが、実際の地域は悲観的・消極的な層の底上げをして初めて地域全体の動きとなる。支援する側が積極的な部分だけを支援することで地域内の温度差はさらに広がってしまう。

地域づくりに積極的と言われる地域に赴くと、多くの地域で温度差の広がりを指摘されるが、この積極的なグループのみの動きに注目が集まることがその要因と言えるだろう。支援する側としては単純に地域の積極的なグループに着目するのではなく、その背後で見えづらい存在となっている消極的な層を意識した支援が必要となる。結果として図に示しているように、支援内容は変遷させていくというよりも重層化させていく、ということが必要となる。当初は一部積極的な層や一部住民との試行錯誤的な取り組みからスタートし、それが積極的な層の活動から消極的な層への働きかけに至るような重層性をもたせていく必要がある。

また、近年広がっている外部人材を導入する各種施策についても、そのフェーズに適した施策を戦略的に導入しなくては、地域の実態と乖離する恐れがある。さらには地域内の温度

※10：稲垣文彦他『震災復興が語る農山村再生』コモンズ、2014

差をより拡大させ、消極的な層を見放してしまうことにもなりかねない。支援する側には、俯瞰的な視点から地域内の温度差も意識することが求められていくことだろう。

そして、こうした施策検討の中心を担う行政は外部人材を導入するにあたり、その俯瞰的視点を強く意識する必要がある。単純に「ネットワーク」を持っていればよいのではなく、地域が核となっているかが重要である。全体のバランスも俯瞰的に見渡しながら戦略的に外部人材を活用していくような地域戦略を持つ地域が、少人口社会でも多人数を効果的に使いこなす地域となっていくことだろう。

結章

どのように少人数で生き抜くのか

柴田　祐

序章で示された、「地域は継承できるのか」という問いに対して、本書で紹介してきた11の地域での試みを手がかりに、少人数でどう地域をまわすのか、その上で次世代へどのように継承するのかを考えることで、本書の結びとしたい。

1　少人数でどう地域をまわすのか

地域を継承するためには、まずは現時点において少人数でも地域社会が成り立っている、もしくはそれに向けて何らかの取り組みがされている必要がある。11の地域からの報告をつぶさに見ていくと、少ない人数と限られた資源でも、様々に工夫しながら運営していたり、地域の内外の新たなつながりが生まれたり、様々な連鎖反応が起こっており、少人数で生き抜こうとする姿そのものであった。そのような状態をここでは地域を「まわす」、地域が「まわっている」と表現したい。そして少ない人数での地域のまわし方にもいくつかのパターンがあり、まずはそのパターンを見ていきたい。

空き家・空き地から新たにつながり、地域をまわす

まず一つ目が空き家・空き地を手がかりとするものである。空き家・空き地の利活用というある意味わかりやすい課題が、目に見える場所として存在し、そこを接点として地域の内部と外部の新たなつながりが生まれ、さらにそれを起点として地域をまわす仕組みが生まれているものである。竹田市の城下町（2・1）では、特に、段階的であることが重視され、時間をかけながら空き家を改修すること自体が地域住民や移住者などの多様な関係者をつなぐ場となり、さらに次の空き家の改修につながる連鎖を起こしていた。たつの市（2・2）では、城下町の空き家から地域経営の仕組みの模索が続いており、若い移住者が地元の不動産会社を市民出資のまちづくり不動産会社という形で継業し、さらに事業の拡大に伴い段階的に増資者を増やすことで地域との関係を強化しながら、次々と空き家の利活用を進めていた。

竹田市もたつの市も、城下町の街並みやそこに住まう作法や暮らしの活気の継承が意図されていたが、空き家を福祉的資源として活用するという異なる課題に取り組んでいるのが大牟田市（3・3）である。地元住民による発意が自治会や民生委員、市役所と一緒になってプロジェクトという形でまとまり、一石二鳥の空き家の利活用につなげていた。また、集落と外部がつながるきっかけとして空き家と同様に耕作放棄地の利活用を行っているのが秩父の千鹿谷集落（2・3）である。耕作放棄地での収穫物を加工するイベントを通じてさらに外部のネットワークが広がり、それが新たな耕作放棄地の利活用を生む好循環が生まれていた。

これらの取り組みは、地域内に存在する資源に外部人材が集まり、そこを起点に地域住民

とうまく関係性をつくることが意図され、様々な工夫により新たな仕組みを生み出しており、それが結果的に地域をまわすことにつながっていた。

地域に今あるものを新たな仕組みでまわす

起点となるのは何も空き家や空き地のようなハードだけでなくソフトの場合もある。北海道の剣淵町（3・2）では、町営高校の運営をまちづくり施策の一環として捉え、町の周辺地域も含めて未来の担い手を育てる仕組みとしていた。また、和歌山の加太（1・1）では、既存組織が協働する新たな体制として協議会をつくり、さらにはまちづくり株式会社を設立することで地域をまわしていた。また、熊本（1・2）では、農業や介護保険事業という地域コミュニティをベースとした事業とともに地域づくりのための組織を新たにつくり、本業との2足のわらじの相乗効果により地域をまわしていた。

これらの取り組みは、内部の住民が少ない人数でなんとか地域をまわすためにその仕組みを工夫したものであり、もちろん外部の担い手の関わりも大きな役割を果たしていたが、どちらかといえば地域の内部に軸足がある。しっかりとした内部の住民が外部人材をうまく利用しながら、地域をまわす新たな仕組みを模索していた。

一方で、福岡県の京築地域で受け継がれてきている豊前神楽（3・1）は、祭りに主体的に関わる仕組みとして、昔から続く奉納神楽が機能し、さらにそれが地域社会に貢献しているという自負とステイタスをもたらしていた。地域をまわすために必要なのは新たな仕組みをつくることだけでなく、先人の知恵に学ぶべきことがまだ多くあることを教えてくれた。

内から外から、担い手のネットワークでまわす

一方で、地域全体の担い手を内部と外部のネットワークにより位置付け直していたのが小佐木島（4・1）で、公益財団法人、二拠点居住者によるゲストハウス運営会社、島民や出身者の出資による株式会社が、相互に役割分担をしながら内部と外部をネットワークすることにより、島の風景の継承が目指されていた。また、旧山古志村（4・2）では、外とつながるＮＦＴを用いたデジタル住民と、内のつながりと世代間のつながりを結び直す地域内の若者組織がバランスをとりながら地域をまわしていた。そしてそのような取り組みを意図的に仕組んでいたのがまんのう町（4・3）における転出子懇談会であり、それをさらに展開させた先取りワークショップであり、それをきっかけとしてネットワーク型自治が模索されていた。

これらの取り組みは、内部の住民が少ない人数でなんとか地域をまわすためにその仕組みを工夫しているという点では、先に見たものと共通する。これらは内部の住民と外部の人材がそれぞれの強みを活かしながら、どちらかに軸足がある訳ではなくバランスをとりながら、ネットワークしながら、地域をまわす新たな仕組みを模索していた。

2　次世代へどう継承するのか

このように少人数社会に突入して久しい地域では、様々な工夫をしながら、活き活きと地

域をまわしていた。それをヒントに次世代へ何を、誰から誰へ、どのように継承するのか考えてみたい。この3つの論点はそれぞれが独立してあるわけではなく、お互いに関係し合いながら、時には要因と結果が入れ替わりながら関係しているところが、論点をわかりにくくしているが、そこを解きほぐしていきたい。

何を継承するのか

まずは、何を次の世代へ継承するのかということから、話しを起こさなければならないが、実は、これが一番難しい問題である。11の地域での取り組みから明らかなのは、「何を」は、「地域」をなんとなく継承しようというような抽象的なものではなく、それは空き家であり、街並みであり、祭りであり、なりわいであり、地域それぞれで継承したいものが、まずは具体的である必要がある。さらに、これを継承したいという意志が存在することが必要であるが、それが意識的である場合もあれば、様々な取り組みが行われることで結果的にその意志の共有が広がり、継承されていく場合もある。

そういった意味で、空き家や耕作放棄地などの土地は、目に見える場所としてわかりやすく、人が集まり思いも共有されやすく、継承しやすいものの代表的なものと言うことができる。確かに、地域内に空き家が多くあってもなかなか貸したり売ったりしてくれないという課題はあるが、これは大半が所有者のイメージの問題であり、また、マッチングの仕方の問題であり、いずれも本質的な問題ではない。実際、本書で取り上げた地域でもそうであったように、1つでも地域内で成功事例ができると、次から次へと利活用が進むこともよくあることである。継承の意志は、周りを見て意識化されることも多い。

一方で、宗教的なものは継承されにくく、また、地域住民も外部人材を巻き込んでまで継承しようとすることはほとんどなく、少人数の地域住民が継承するしかない。お墓は、墓じまいをして、別の場所で永代供養するということもあるが、神社や祠、そしてそのお祭りは、そこにあり、そこで行うという場所性が重要であり、人が住まなくなった集落であっても、もとの場所に残されていることも多い。当初は、出身者が通って掃除をしたりお祭りをしたりすることもあるが、世代が変わるとそれも徐々に回数が減り、数十年もすれば森となる。そう考えると、京築地域のように奉納神楽という仕組みによってその祭り自体が盛り上がり、さらに地域社会に貢献しているという自負とステイタスといった見えない資産がもたらされ、それがコミュニティの継承につながっているというのは、絶妙なしかけである。

何を継承するのかを考えることは、地域のアイデンティティにも関わる問題であり、そこに住み続ける意味を問うことにもなる。しかし、地域を相対化してみる習慣のない地域住民にとっては、それは極めて当たり前で日常的なものであり、その可能性や問題点を意識するのはなかなか難しい作業である。確かに、外部人材による資源の発掘や評価も、その可能性に地域住民が気づく大きなきっかけとなるのは間違いないが、これを継承したいという意志の中心は地域にあるべきである。

また、継承したいもの、継承するべきものを、次の世代が継ぐことができる状態にする必要があるし、継承するまでその状態を維持する必要もある。さらに、アイデンティティ、自負、ステイタスといった見えない資産は、それを意識したり、それを継承しようという具体的な行動を起こしたりすることが難しい。だからこそ、何を継承するのかは抽象的なものではなく具体的なものである方がわかりやすい。

また、何かを継承するといっても、今まであるものを継承するだけではない。11の地域での取り組みは、いずれも地域の内外を含めた新たな主体が、新たな価値観で、引き継いだものを掛け合わせて、新たな価値を生み出している。地域を継承するということはそのようなことなのかも知れない。

誰から誰へ継承するのか

次の論点としては、地域を継承したいという意志をどの範囲で共有し、それを誰へ継承するのかという主体の問題となる。従来の地域においては、各家々が血縁により相続されることが基本にあり、それが集積した結果として地域が継承されてきた。この場合、生まれてから地域の中で成長し、相続するまでの数十年をかけて、相続する側とされる側がお互いに理解し、誰に継がせるのか判断し、何を継ぐのかわかったうえで、継がれてきた。血縁による相続といっても、自動的に継がせてきたのではなく、もちろん無理矢理押しつけられる場合もあろうが、数十年にわたるこの見極めのプロセスがあるのだ。

一方で、血縁によって引き継がれることが困難になってきた現在、地域の外の人材も含めて、様々な主体が引き継いできているが、その見極めのプロセスをどうデザインするかが大きな課題である。一方で、様々な工夫が可能な部分でもある。例えば、空き家や耕作放棄地などが継承されやすい理由の一つは、具体的な場所で、失敗してもよいからとりあえずやってもらうことができ、それが地域にとっては継承する側を見極めるプロセスとなっている点であろう。成功している事例だけでなく、1年も経たないうちにリノベーションされた空き家がまた空き家に戻ってしまうのもよくあることで、活用することそのものが継承する側にとっても見極めのプロセスになっている。

また、継承の際、する側とされる側の相対のみで意志の共有ができたり、見極めができる訳ではなく、誰から誰への間に第三者が入り、仲介することが効果的である場合も多い。例えば、たつの市の城下町の市民出資の株式会社は、不動産開発という営利と、まちづくりという非営利の中間で複数の町屋を経営することが、「所有」と「経営」と「活用」を分離させることにつながっている。また、それがさらに地域に残る人脈やノウハウ・信頼と、外部人材の力のバランスのとれた地域を形成している。見極めのプロセスの中で所有関係を整理することができるかどうかも、その成否を左右する大きな要素であり、このように所有者と経営者と活用者を分離させることも重要であろう。

また、継承する側も、される側も、それが個人である場合と集団である場合とがある。先に見たとおり、血縁による相続は、個から個への継承であるが、一方で近年は、例えば、個から集団やネットワークへ継承される場合も増えてきている。さらに、集団から集団への継承が意図される場合もある。その場合、引き継ぐ集団やネットワークの意志の共有が重要である。まんのう町における転出子懇談会や、それをさらに展開させた先取りワークショップは、まさに集団から集団への見極めのプロセスを見える化する取り組みと言えるだろう。これは、相続による継承のような個人の意志の集合体ではなく、集団としての意志を持つこととも言え、これはまさに自治のあり方そのものと言える。

約20年前、山古志の復興と合併の際に策定されたの「やまこし夢プラン」に謳われている山古志のデモクラシーは現在も脈々と受け継がれており、その精神がしっかりしているからこそデジタル住民の受け入れが可能であり、さらに内のつながり、世代間のつながりとともに三位一体のものとして機能していた。地域を継承したいという集団としての意志が明確で、しっかりと機能し、継承され、少人数でも地域が成り立っている好例として、学ぶべき点が多い。

どのように継承するのか

人口が減った集落で住民の方と話すと、「移住者には来て欲しいけれど、ちゃんとした人に来てもらいたい」と異口同音に言い、「ちゃんとした人なら山も祭りも全部任せてもよい」とも言う。ここには引き受けられるものなら引き受けてみろという自負も垣間見える。いずれにしろ、この「ちゃんと」が重要で、地区のルールや慣習を守るといったごく当たり前のことをちゃんとできるかどうかから関係性の構築が始まり、それがひいては信頼関係へとつながる。どのように継承するのかということは、どのように信頼関係を築くのかと言い換えることができるだろう。

ところで、1990年前後、都市社会学と農村社会学の分野から相次いで「信託市民」「信託住民」という概念が提案され、それが2008年にふるさと納税が導入される際の研究会においても話題となった※1。どのように継承するのか、また、どのように信頼関係を

※1：小田切徳美「新たな「ふるさと」支援制度をめぐって」『第3回ふるさと納税研究会配付資料（総務省）』2007、https://www.soumu.go.jp/main_sosiki/kenkyu/furusato_tax/070718_1.html

築くのかを考えるうえで、この「信託」という概念に着目したい。

小川全夫は、「信託住民制度は、単にその人々を「お客さま」扱いにすることを超えようとする考え方」とし、地域住民と同じように、またはそれ以上に地域の取り組みに責任を持ち、作法をわきまえる同志的な結合を求めている※2。これはまさに多くの集落が求めている「ちゃんと」した人のことである。この住民と信託住民の新しい関係性で最も重要な点は、責任と作法のわきまえが双方向であることではないだろうか。つまり、これならと信じて託し、託されているという責任をそれぞれが自覚するということである。血縁による相続の場合、長い見極めのプロセスを経ることで、この双方向の信託が当たり前過ぎるぐらい前提となっていて、暗黙の了解として信じて託されてきたのである。それが困難となっているのであれば、そのプロセスを見える化し、双方向の信頼関係を築いていくしかない。

このように考えてくると、継承することがとてつもなく重たいものに思えてくる。確かに、何を継承するのかは地域のアイデンティティに関わる問題であり、その意志の共有が必要であり、双方向の信頼が前提にある関係性を築き、信託する必要がある。しかし、たつの市の城下町の市民出資の株式会社や、小佐木島の島民や出身者が出資する株式会社、山古志のNFTを用いたデジタル住民などは、共有や双方向の信頼をお金を媒介にすることによって担保しており、それにより信託を補完するすることにつながっている。とてつもなく重いものに見える継承を、思いのあるお金を媒介にすることで少し軽くすることができている好例と言えるだろう。

また、11の地域での取り組みからキーワードを拾ってみると、「つながり」「ネットワー

※2：小川全夫「農山村からの新しい発想の提案」『ECPR調査研究情報誌』2004（1）、pp. 5-8、えひめ地域政策研究センター、2004

ク」を共通項としてあげることができるが、重たいものもみんなで担げば軽くすることができる。加太、山都町、小佐木島、山古志では、既存の地域組織が協働する新たな体制づくりをしたり、内部と外部の人材がバランスをとりながらつながったりしている。少ない人数でなんとか地域をまわそうと、様々な主体が協働して取り組んでいること自体が双方向の信頼を育むきっかけになり、信託にたる主体を見出していくプロセスにもなっていると言えるだろう。

小さな取り組みをまわすことで地域を継承する

前著『住み継がれる集落をつくる』では「バトンリレーモデル」を示し、それを踏まえ本書では、次世代への継承について議論してきた。地域を継承するためには、いきなり大きなものを継承するということではなく、小さくても具体的なものを継承する取り組みを、少ない人数でもできることから始め、それがまわり始めると様々な連鎖反応が起こり、内外の新たなつながりが生まれ、さらに新たな取り組みがまわり始める様子が見えてきた。そして、バトンをリレーするためには、渡す側と受け取る側の双方がお互いを信じて託すという双方向性が不可欠で、その関係性を構築するプロセスが重要である。小さくても具体的な取り組みをまわすこと自体がそのプロセスにもなるし、そこには多くの工夫の余地がある。本書では、試行錯誤をくりかえしながら、柔軟に変化させ順応しながら、様々な取り組みがまわっていき、その結果として地域を継承している姿を浮かび上がらせることができた。このような地域が少人数で生き抜いている姿を未来への展望として、本書の結びとしたい。

参考文献

・伊丹敬之、軽部大編著『見えざる資産の戦略と論理』日本経済新聞出版、2004
・山岸俊男『信頼の構造――心と社会の進化ゲーム』東京大学出版会、1998
・永野由紀子編『年報 村落社会研究 第54集 イエの継承・ムラの存続』農山漁村文化協会、2018
・宮内泰介編『なぜ環境保全はうまくいかないのか――現場から考える「順応的ガバナンス」の可能性』新泉社、2013

おわりに

農山漁村を訪れ、地域住民の方々、行政、専門家といった方々の声に耳を傾けるところから、わたしたちの研究は始まる。2020年春からの新型コロナウィルス感染症の影響で活動の休止を余儀なくされた。2021年、2022年と感染状況に配慮しながら、またオンラインを活用しながら、農山村への再訪、メンバーとの議論を重ねてきた。想定していたことがすべてできたわけではないが、本書はこれまでのわたしたちの議論の成果をまとめたものである。本書で取り上げた事例以外にも、これまでに開催した公開研究会（第1回：和歌山県那智勝浦町色川地区、第2回：新潟県佐渡島宿根木、第3回：京都府南丹市・熊本県西原村※、第4回：熊本県山都町・美里町※、第5回：和歌山市加太地区※）、日本建築学会2019年度大会パネルディスカッション、2022年度大会研究協議会での成果に多くの示唆を受けた。紙幅の都合でお世話になった方々のお名前をご紹介することができないが、ここに感謝申し上げたい。

なお、本書はＪＳＰＳ科研費18Ｈ01606の助成を受けたものである。調査や公開研究費の実施、本の出版に際して多くの助けをいただいた。そして、前著に引き続き出版の企画、編集と伴走していただいた学芸出版社の中木保代さんにもお礼を申し上げたい。

本書がこれまで多くのことを教えてたいただいた地域の方々、人口減少に向き合う人々のこれからに貢献できれば幸いである。

2023年3月　著者一同

※：オンライン開催

著者略歴

※『住み継がれる集落をつくる』著者

【編著者】

佐久間康富（さくま　やすとみ）※
和歌山大学システム工学部准教授。74年所沢市生まれ。早稲田大学大学院理工学研究科博士後期課程退学。博士（工学）。大阪市立大学大学院工学研究科講師などを経て、17年より現職。共著書に『地域は消えない』『田園回帰の過去・現在・未来』『無形学へ』『小さな空間から都市をプランニングする』ほか。

柴田　祐（しばた　ゆう）※
熊本県立大学環境共生学部教授。71年愛知県生まれ。大阪大学大学院修了。博士（工学）。造園コンサルタント、大阪大学大学院工学研究科助教、熊本県立大学環境共生学部准教授を経て、17年4月より現職。専門は地域計画、農村計画。共著書に『都市・まちづくり学入門』『都市計画とまちづくりがわかる本』ほか。

内平隆之（うちひら　たかゆき）※
兵庫県立大学地域創造機構教授。74年山口県宇部市生まれ。神戸大学大学院修了。博士（工学）。2016年より現職。社会の変化が生活空間・地域計画・まちづくりにおよぼす影響に着目し、地域連携、孤立・孤独予防、仲間づくりを研究。共著書に『大学・大学生と農山村再生』『地域人材を育てる手法』ほか。

【著者】

青木佳子（あおき　よしこ）
東京大学生産技術研究所博士研究員。88年福岡市生まれ。日本女子大学住居学科卒業。同大学院修了。東京大学大学院工学系研究科修了。博士（工学）。東京大学生産技術研究所助教を経て現職。18年度から約3年間漁業集落に常駐し地域づくりに携わる。加太観光鯛使。海際の生業文化や地域づくりを研究。共著書に『小さな波紋』。

岡田知子（おかだ　ともこ）※
西日本工業大学名誉教授。大阪市生まれ。大阪市立大学大学院修了。博士（学術）。2021年西日本工業大学を定年退職。「人々の心をひとつにまとめてきた集住のしくみ」が研究テーマ。共著書に『集住の知恵』『フィールドに出かけよう！』『東アジア・東南アジアの住文化』ほか。

柴田加奈子（しばた　かなこ）
西日本工業大学非常勤技術員。那覇市生まれ。京都芸術大学大学院修了。修士（芸術）。西日本工業大学岡田研究室研究スタッフとして建築設計・まちづくり・調査業務に従事。京築地区の神楽研究や北九州地区でのまちづくりや文化財保存をフィールドとしている。

清野　隆（せいの　たかし）※
國學院大學観光まちづくり学部准教授。一般財団法人エコロジカル・デモクラシー財団理事。78年山梨県生まれ。東京工業大学大学院社会理工学研究科社会工学専攻修了。博士（工学）。共著書に『はじめてのまちづくり学』『地域文脈デザイン』『観光まちづくりのための地域の見方・調べ方・考え方』。

田口太郎（たぐち　たろう）※
徳島大学大学院准教授。76年神奈川県生まれ。早稲田大学理工学部建築学科卒業、同大学院修了。小田原市政策総合研究所特定研究員、早稲田大学助手、新潟工科大学准教授を経て、11年より現職。博士（工学）。共著書に『まちづくりオーラル・ヒストリー』『中越地震から3800日』『地域おこし協力隊 10年の挑戦』ほか。

竹内ひとみ（たけうち　ひとみ）
龍郷町地域おこし協力隊。99年埼玉県上尾市生まれ。東洋大学大学院国際学研究科修士課程修了。修士（国際地域学）。2023年4月より現職。21年東洋大学校友会賞受賞、23年東洋大学大学院国際学研究科松尾賞受賞。サーファーの移住プロセスについて研究し、奄美大島龍郷町に移住。空き家・空き地等について実践を行う。

野村理恵（のむら　りえ）※
北海道大学大学院工学研究院准教授。81年京都市生まれ。奈良女子大学大学院修了。博士（学術）。18年より現職。「移動と定住」をテーマに中国・内モンゴル自治区でのフィールドワークや国内外での農村調査を行う。共著書に『住まいがつたえる世界のくらし』『建築計画のリベラルアーツ』ほか。

姫野由香（ひめの　ゆか）※
大分大学理工学部准教授。75年大分県生まれ。大分大学大学院工学研究科修了。博士（工学）。専門は建築・都市計画。主に地方における都市再生や、文化的景観の維持・活用への住民参画、離島地域や農村における地域運営の持続可能性について、国内外のフィールドを対象に調査・研究を行う。共著書に『住民主体の都市計画』ほか。

藤原ひとみ（ふじわら　ひとみ）※
有明工業高等専門学校創造工学科（建築）講師、兵庫県養父市生まれ。奈良女子大学大学院人間文化研究科修了。博士（学術）。神戸大学地域連携研究員、阿南高専助教、有明高専創造工学科助教等を経て18年より現職。社会的弱者の暮らしやすいまちづくりが研究テーマ。

八木健太郎（やぎ　けんたろう）※
広島大学大学院人間社会科学研究科准教授。73年東京生まれ。神戸大学大学院修了。博士（学術）。西日本工業大学准教授を経て15年より現職。公益財団法人ポエック里海財団業務執行理事。アートとデザインの境界領域で活動を行う。共著書に『Urban Artscapes』ほか。18年グッドデザイン賞受賞。

山崎義人（やまざき　よしと）※
東洋大学国際学部国際地域学科教授。72年鎌倉市生まれ。早稲田大学大学院修了。博士（工学）。早大助手、神戸大学研究員、兵庫県立大学講師・准教授等を経て、17年より現職。11年日本建築学会奨励賞受賞。20年日本建築学会賞（論文）受賞。共著書に『いま、都市をつくる仕事』『はじめてのまちづくり学』ほか。

少人数で生き抜く地域をつくる
次世代に住み継がれるしくみ

2023年3月31日　第1版第1刷発行

編著者　佐久間康富・柴田祐・内平隆之
著　者　青木佳子・岡田知子・柴田加奈子・清野隆・
田口太郎・竹内ひとみ・野村理恵・姫野由香・
藤原ひとみ・八木健太郎・山崎義人

発行者　井口夏実
発行所　株式会社 学芸出版社
京都市下京区木津屋橋通西洞院東入
電話 075-343-0811　〒600-8216
http://www.gakugei-pub.jp
E-mail info@gakugei-pub.jp

編集担当　中木保代

D T P　KOTO DESIGN Inc. 萩野克美
装　丁　KOTO DESIGN Inc. 山本剛史
装　画　Fits 石津雅和
印　刷　イチダ写真製版
製　本　山崎紙工

ISBN978-4-7615-2850-8

関連書籍

住み継がれる集落をつくる

山崎義人・佐久間康富 編著

A５判・232頁・本体2400円＋税

地方消滅が懸念され、地方創生の掛け声のもと人口獲得競争とも取れる状況があるが、誰がどのように地域を住み継いでいくのか、その先の具体的なビジョンは見えにくい。本書は、外部との交流や連携によって地域の暮らし、仕事、コミュニティ、歴史文化、風景を次世代に継承している各地の試みから、生き抜くための方策を探る。

過疎地域の戦略

谷本圭志・細井由彦 編著

A５判・216頁・本体2300円＋税

鳥取大学と自治体による実践的連携から生まれた本書は、地域の現状と将来を診断し、社会実験も踏まえ社会運営の仕組みを提案、その仕組みを支える技術も一冊に取りまとめている。福祉、交通、経済、防災、観光、保健など分野に囚われない総合的なアプローチが特徴。自治体、NPO職員、地元リーダーなどに役立つ一冊。

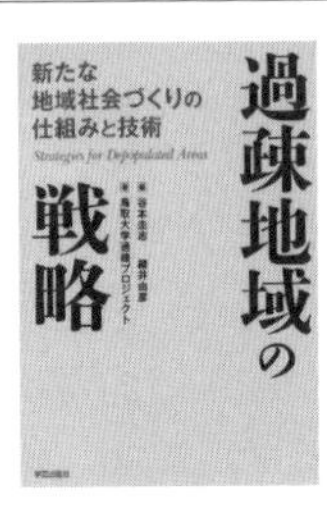

幸福な田舎のつくりかた

金丸弘美 著

四六判・208頁・本体1800円＋税

地域を誇ることが、参加と共感を呼び、小さくても確かな経済をまわす。食と映画の都・山形県鶴岡市、小説の舞台となった高知県おもてなし課、進化する直売所さいさいきて屋（愛媛県今治市）、地域応援商社四万十ドラマ（高知県四万十町）等、注目の地域がローカルシフトする価値を創造しコミュニティを元気にするしくみとは。

フランスではなぜ子育て世代が地方に移住するのか

ヴァンソン藤井由実 著

A５判・200頁・本体2300円＋税

首都圏への人口流出から地方回帰の時代へ移行したフランス。その背景には、田舎の魅力的な環境と生活に最低限必要な市街地機能を守り、移住する若者の新しい価値観と生き方を支援する政策、小規模町村間の広域連携と各地の中核となる元気な地方都市の存在があった。取材とインタビューで読みとく、元気な田舎ができるしくみ。

日本で最も美しい村をつくる人たち

季刊 日本で最も美しい村 制作チーム 著

B５判・232頁・本体2700円＋税

失ったら二度と取り戻せない、日本の農山漁村にある美しい景観や文化。当初７つの村で始まった景観・文化を守る運動体「日本で最も美しい村連合」は、今では60以上の村が加盟する。本書では、ワイン生産者、養蜂家、パン屋、シェフ、陶芸家、村長、教員、民宿経営者など、美しい村をつくる多種多様な実践者たちを紹介する。